会社というモンスターが、僕たちを不幸にしているのかもしれない。

青野慶久

PHP

最近、日本の大企業で
くすぶっている若者を見て
思うことがある。

君たちはね、
就活に失敗したんだわ。
時代についていけない
サラリーマン社長が
経営している
イケてない会社を
選んじゃったんだわ。

そして、くすぶり
続けてるってことは、
君たちも変化できない奴
だってことになる。

変わろう、
動こう。

はじめに

あなたは、今の会社が楽しいですか？

楽しいのなら、おめでとうございます。よい会社、よい仲間、よい仕事。充実した毎日をお過ごしのことと思います。

「会社は楽しむ場所じゃない。楽しいかどうかは関係ない」と言う方もいらっしゃいます。気持ちはわかります。会社は仕事をするところだから、仕事で成果を上げることが第一。**成果を上げるには、楽しさよりも厳しさが必要。だから、つらくても問題ではない。そう言いたくなる気持ちはわかります。**私も長年そう思っていました。

会社が楽しくない理由は様々です。やりたい仕事を与えてもらえない、上司や同僚・部下との人間関係がつらい、残業が多い、給料が安い、成長している実感がない、通勤時間が長い、休みを取りづらい、などなど。確かに楽しくなさそうです。でも、仕事です。楽しさを求めて働けません。成果を上げなければ企業は倒産してしまいます。

ただ、会社勤めをする人の人生において、会社で仕事をして過ごす時間は、とても長いのです。もし、平日の二十四時間のうち、八時間働き、八時間睡眠をとると仮定すると、起きている時間の半分を会社で過ごすことになります。この時間が楽しいかどうかは、人生の大きな問題です。

にもかかわらず、**今日も日本の多くの会社では「我慢レース」が繰り広げられています**。これは何かがおかしい。もしかすると、人類が作り上げてきた「会社の仕組み」そのものに大きな原因があるのかもしれない。

私は、サイボウズ株式会社の創業者であり、代表取締役社長です。会社が生まれるところから、従業員が五〇〇人を超え、東証一部の上場企業になるところまで見てきました。

以前のサイボウズは、終電までの残業や土日出社は当たり前。ハードな働き方についていけず辞める社員が続出し、離職率は二八パーセント。当然、楽しそうに働いている社員は多くありません。

これではいけない、と全社的な改革を進めました。「一〇〇人いれば、一〇〇通りの人事制度」という方針のもと、一人ひとりの個性を重視する施策を実施し続けました。例えば、働く時間や場所を自分で選べるようにしたり、自由に副業をできるようにしたり。

その結果、離職率は七分の一に下がり、働き方改革の先進企業と呼ばれるようになりました。楽しそうに働く社員はずいぶん増えました。社長である私自身も育休を三回取りました。事業も順調です。クラウドサービスの有料契約社数は二万社を超え、持続的に成長を続けています。

その過程で見えてきたこと、それが会社という「モンスター」の存在です。本来、主役であるはずの人間が、なぜか会社のために働き始める。経営者も現場の社員も、「会社のためだから」と言って、自分たちの暮らしを犠牲にしてしまう。自分たちの人生をこの「会社というモンスター」に捧げ、毎日ストレスを抱え、不満に耐え続けている。この構造から抜けられない限り、楽しく働ける日は来ないのです。

私たちが楽しく働けないのは、会社の仕組みのせいなのではないか。会社がモンスターのように私たちを支配してしまっているからではないか。この本では、会社が働く私たちを不幸にしている問題について、掘り下げてみることにしました。一体、何が起きているのか。**問題の構造から考え、そして自分の楽しい人生を取り戻すためのヒントをまとめました。**

第1章では、まず、会社とは何かを考えます。そして、どうして会社が楽しくない場所になってしまうのか、原因を探求していきます。日本企業の多くでは「メンバーシップ型雇用」という仕組みが採用されています。この仕組みの問題点についても考えていきます。

第2章では、楽しく働くための「会社の選び方」「モチベーションの作り方」について考えます。会社のビジョンと自分の夢は重なっているか。重ねあわせるためにはどうしたらいいのか。自分の強みを最大限に生かす、「複業」のあり方についても解説していきます。

第3章では、社会がこれからどう変化していくのか、その変化についていくためには「四十年間我慢レース」の会社ではやっていけなくなっていくことについて、解説します。

第4章では、サイボウズでは具体的にどう「楽しく働いて」いるのかをご紹介します。

サイボウズのフラスコ理論は、もしかしたらほかの会社でも参考になるかもしれません。

第5章では、「未来の働き方」について、考えます。ＡＩ（人工知能）がどんどん仕事を代替していく世界では、「やりたいことを追求する」ことがますます重要になってくる、というお話をいたします。


なお、この本では、会社のことを「カイシャ」と書くことにしました。あえて普段と違う言葉を使うことで、今まで会社に持っていた偏見を捨て、一から考え直してみましょう。

本書によって、一人でも多くの方々が、モンスターの支配から抜け出し、自分らしく働き、そして人生を満喫できることを祈っております。

会社というモンスターが、僕たちを不幸にしているのかもしれない。 目次

1 仕事が楽しくないのは、カイシャというモンスターのせいかもしれない

2 カイシャで楽しく働くためには、こう考えればいいかもしれない

3 楽しく働けないカイシャは、どんどん弱っていくかもしれない

4 サイボウズでやってきた実験は、意外と参考になるかもしれない

5

未来のカイシャでは、「やりたいこと」につき進む人の価値が上がっていくかもしれない

ブックデザイン：寄藤文平＋杉山健太郎
構成：山路達也
イラスト：加納徳博

1

仕事が楽しくないのは、カイシャというモンスターのせいかもしれない

そもそもカイシャは実在しない？

もし「『カイシャ』って何ですか」と聞かれたら、どう答えますか。「人が集まって、仕事をするところです」とか、そんな感じでしょうか。確かに人が集まって仕事をしていると「カイシャ」に見えます。

では、「『どれ』がカイシャですか」と聞かれたら、どうでしょうか。オフィスのビルを指差して「あれがカイシャです」と答えてしまいそうです。

ただ、よく考えてみれば、それは社員が働くために借りているビルであって、カイシャではありません。ビルの中で働いている人たちを指差して「あの人たちがカイシャです」と言っても、それは社員であって、カイシャではない。

では、カイシャとは「どれ」でしょうか。そもそも人が集まって何かを始めるときに、何が起きているのか、本質的なことを考えてみましょう。

例えば、あなたがメンバーを集めて「瀬戸内ドルフィンズ」というサッカーチームを作ったとします。複数の人間が集まって、名前がついた一つの組織ができました。作っ

「瀬戸内ドルフィンズ」というサッカーチームは
目に見えない、実体のないもの。カイシャも同じ構図になっている。

たのだから存在するはずなのですが、「『瀬戸内ドルフィンズ』ってどれ？」と言われると、やっぱり指せません。

一人ひとりのメンバーは選手だったり、監督だったり、コーチだったりするけれど、「瀬戸内ドルフィンズ」ではありません。メンバーのお金を集めて事務所を作ったり道具を買ったりしたとしても、それらは「瀬戸内ドルフィンズ」のモノであって、「瀬戸内ドルフィンズ」自体ではありません。つまり、「瀬戸内ドルフィンズ」というものには実体がないのです。

でも、私たちは、何かのことを「瀬戸内ドルフィンズ」と呼んでいる。

カイシャというものも、これと同じ構図

になります。「カイシャとはこれだ」と指で差せるものがないのです。少なくとも目に見えるものではありません。

それではカイシャとは一体何なのでしょう。

その答えの鍵を握るのは「会社（カイシャ）法」です。日本では集団で活動しやすくするために「カイシャ法」という法律が作られていて、それに沿って運営されています。「カイシャ法」では、例えば株式会社だったら、取締役というものを必ず置きなさい、株主総会という会議を年に一回は開きなさい、株主総会ではこういうことを決めなさい、といったことが定められています。それに従うのは大変面倒くさいわけですが、それに沿って運用していると、カイシャは「法人」として認められ、個人に大きなリスクを背負わさないように、権利を保護してくれたりします。

カイシャの歴史を調べてみると、東インドガイシャが世界初の株式ガイシャだと言われています。ヨーロッパの人たちが大きな貿易をするために、お金を集めてカイシャを作った。そして、そのお金で船を買い、貿易を始めた。貿易で儲かったお金を出資者で分配した。今から四百年ほど前の話です。

新進気鋭のITベンチャーが積極的に企業買収を仕掛け、社会の注目を集めた二〇〇五年ごろ、「カイシャとは誰のものか」という議論が話題になりました。様々な意見が出ましたが、結局、答えは収束しませんでした。カイシャは誰のものかという議論が難しいのは、そもそもカイシャには実体がないからです。

株主が持っているものは、あくまでも「株式」であって、「カイシャ」そのものではありません。株主は、株主総会で票を投じる権利や配当を受け取る権利を持っていますが、それ以上のものではないのです。カイシャのオフィスに設置された家具は、カイシャという「法人」の持ちものであって、株主のものでも社員のものでもありません。ですから、どれだけ多くの株式を持っていても、勝手に家具を持ち帰ったら越権行為になります。

カイシャが何なのか、ますますわからなくなってきました。

法律が生み出した「妖怪・カイシャ」の正体

面白いのは、この「法人」という考え方です。

法人、つまり法律が定義した「人」ということになります。「カイシャには実体がないけれど、法律の上では『人』として取り扱おう」と定義しているわけです。人間が仮想的に作り出した生きもの、それが法人、それがカイシャです。**たとえるならば、「妖怪」のような想像上の生きもの**をイメージするとよいでしょう。実際には存在しないのだけれど、存在すると仮定して、その存在に名前をつけて、人のように扱っていこう、ということになります。

妖怪「カイシャ」は、カイシャ法で「ものを持つ」ことを認められています。ですから、カイシャは誰のものでもないのに、いろいろなものを持てます。

起業するときは、カイシャを作るために書類を作成し、自治体に提出します。新しい妖怪の誕生です。カイシャができたら銀行に行きます。銀行でカイシャの名前の口座を作り、その口座に資本金を振り込みます。

その口座を作ったのはあなたであっても、口座はあなたのものではなくて、このカイシャの持ちものになります。振り込まれたお金もやっぱりカイシャのものになる。そのお金で家具を買えば、カイシャの持ちものになる。社員が働いて利益が出たら、カイシ

妖怪「カイシャ」は実体がないのに大きな資産を持ち、
時には尊敬までされている。

ャのお金になる。そのお金でなにかを買えば、それもカイシャの持ちものになる。

事業が成功すると、妖怪「カイシャ」の持ちものがどんどん増えていき、モンスターのように大きなカイシャになっていきます。 大きくなったカイシャは、多くの人間を雇用し、その対価として人間たちに給料を支払います。

最近、カイシャが保有する「内部留保」が増え続けていることが話題になっています。以前は日本のカイシャは借金をしているところが多かったのですが、最近のカイシャは借金を返し終わっていて、持っている資産、つまり「内部留保」が増え続けています。

考えてみれば、これはすごい話です。実体のない妖怪がものすごい額の資産を持っているということですから。そして、利益を出しているカイシャの多くは、毎年手持ちのお金を増やし続けています。何十億円、何百億円、大きいカイシャだと何千億円も、とてつもなくお金持ちのモンスターたちが、今の日本社会にたくさん生息しています。何だか気持ち悪くありませんか。

「カイシャ法」という法律を作り出したのは人間です。人間が効率よく、そしてリスクを減らして集団活動ができるようにした法律です。

カイシャ法は、想像上の人、法人を生み出しました。カイシャという妖怪です。ところが、実在しないくせに大金持ちです。しかも、生身の人間より有名だったりします。「あのカイシャは素晴らしい」なんて尊敬されることもあります。実際には「いない」のに！

「カイシャのために」は思考停止ワード

私たちは「カイシャのために」と思って、日々頑張って働いています。

しかし、カイシャはそもそも実体がない。そんな実在しないものに対して「カイシャのために頑張ります！」と言っているわけで、考えてみれば、おかしな話ですね。

では、私たちは誰のために働いているのでしょう。実際には、「お客様のため」であったり、「一緒に働く仲間のため」であったり、「次の世代の人たちのため」だったり、「自分のため」だったり。**カイシャではなく、もっと別のいろいろなもののために頑張っているはずです。**ところが、私たちは「カイシャのため」という言葉を何気なく使ってしまいます。この言葉は、我々が思考停止していることの表れで、実態と乖離《かいり》しています。とても危ない言葉だと思います。


二十世紀は、カイシャの仕組みが社会変化を牽引《けんいん》しました。「法人にものを持たせる」という仕組みがあると、所属する人間が入れ替わっても、所有権を移動させずに活動を継続できるというメリットがあります。この仕組みは持続的に集団で活動していくときに便利です。

そうやって世界にたくさんのカイシャが生まれました。大・中・小の様々なカイシャが、世界に何億匹も生息しています。**カイシャを生み出した創業者が亡くなっても、カ**

イシャは死にません。引き継いだ人たちによって生き長らえます。

もちろん事業で失敗してお金が尽きてしまえば、倒産という「死」を迎えます。また、引き継ぐ人がいなくなってしまうと、解散したりもします。しかし、まだお金が残っていて、所属する人間がいる限り、カイシャは生き続けます。生身の人間と違って死なないのです。

実体がない上に死なない。まさに妖怪です。カイシャと雇用契約をした生身の人間が頑張って働いて、事業がうまくいって、利益が出て、内部留保が増えれば増えるほど、妖怪「カイシャ」の寿命は伸びていきます。そして、お金が貯まれば貯まるほど、所属する人間が多くなればなるほど、社会的に大きな力を持つようになります。**最初は小さかった妖怪が、どんどん巨大化していく。まさにモンスター。**怖い、怖い。

とても美味しい「代表取締役」のポジション

でも、カイシャに貯まったお金が正しく使われていれば問題ないはずです。大きいカイシャには、たくさんの優秀な人が集まっていて、社内からも社外からもたくさんの人が見張っているはずだから、社会にとって正しく使われているに違いありません。きっと大丈夫。…………大丈夫?

次は、カイシャを誰が操っているかを考えてみます。

カイシャには社員がいます。ところが、一般の社員とは別に、「取締役」という役職を務めている人がいます。「取り締まる役」と書くわけですから、なかなか偉そうです。さらにその中に「代表取締役」がいます。こういう構造もカイシャ法で定義されています。

カイシャというモンスターには実体がありません。実体はないので、意思もありません。カイシャ自体は何も考えていないし、何一つ行動しません。いいこともしなければ悪さもしないのです。**けれども、そのモンスターには「子飼いの代理人」がいます。それが取締役と言われる人たちです。**

その代理人、生身の人間が、この巨大なモンスターに蓄えられたお金を動かす権利を

実体がない上に死なない。カイシャはまさに妖怪です。

持つ、という構造になっています。

例えば、宗教団体には教祖とか宗教者と言われる人がいますよね。怪しげな宗教団体だと、教祖が「私は神の使者だ。私の言葉は神の言葉だ」みたいなことを言うわけですが、その構造とよく似ています。実体のないところに、強力な代理人がつくのです。「私がカイシャの代理人だ」と言って、カイシャの財産をどのように使うかを決める権利を持つのです。

カイシャの取締役が持つ権力は強く、例えば、自分の年俸をいきなり一〇〇〇万円増やすようなことが、平気でできてしまいます。

私は今、サイボウズ代表取締役社長ですが、自分の給料を倍にしようと思ったら簡単にできます。株主の承認すら不要です。「軽井沢に別荘欲しいなー。俺の給料、あげちゃおっかなー」というノリで、自分の給与を増やせるのです。取締役の給与の上限が設定されていて、そこまでだったら目一杯取れる。自分で意思決定できるんです。

その上限も、株主総会にはかれば増やせます。一回通しておけば、上限額までは、また勝手に自分の給与を変えていい。企業の規模にかかわらず、世の中の代表取締役と呼

取締役たちは、カイシャというモンスターの「代理人」として
お金をどう使うかを決める権利を持っている。

ばれる人たちにお金持ちが多いのは、自分の給料を自分で決められるからです。

　これが、まだカイシャが中小企業の場合、給料を取り過ぎるとリスクもあります。中小企業は、株式の大半を代表自身が持っていることが多いからです。自分が給料を取り過ぎると、保有しているカイシャの株式の価値が下がってしまいます。

　しかし、カイシャが長期間にわたって成長していくと、創業者が去ったり、出資者が増えたり、株式の所有者と代表が一致しなくなる。**すると、自分の懐が痛まない人が、この大きなモンスターの資産を操れるようになる。人のお金でギャンブルができるようなものです。**

そして、このお金を使って好きな人を雇えます。自分にとって都合のいい人を採用し、近くに置くことができます。あなたがあるカイシャに入社できたとしたら、あなたもそのカイシャの取締役にとって「都合がよい人だ」と判断されたと言えます。

特に「代表」がつく取締役は権限が強く、取締役を代表して、自分で決められることが多い。代表取締役というのは、ノーリスクで大きなお金を動かせる、めちゃくちゃ美味しいポジションなんです。

「かさこじぞう」と「幸福な王子」をカイシャに置きかえてみると

カイシャへの理解を深めるために、二つの童話を例に挙げて考えてみます。

一つ目は「かさこじぞう」。日本人なら誰もが知っている有名な昔話です。

貧しい老夫婦は年末のある日、笠を作って売りに行くことを思いつきます。おじいさんは作った笠を持って町へ出かけますが、一つも売れません。仕方なく家に帰りますが、その途中で雪が積もった地蔵たちを見つけます。かわいそうに思って笠をかぶせてあげると、あとで地蔵たちが恩返しをしてくれるという話です。

しかし、冷たいようですが、現実には石で作られた地蔵が感謝したり、ましてや恩返ししたりすることはありえません。生きていない地蔵にも心を配るおじいさんの優しさには共感するものの、恩返しを期待していたらかなり「痛い人」です。

カイシャとカイシャ員の関係も同様です。カイシャには意思がありません。**どんなに頑張って働いても、カイシャが何か返してくれることなどありえないのです。返してくれるとしたら経営者たちです。経営者は生きています。**彼らが「かさこじぞう」のように社員に恩返しをするのか、それとも私利私欲のために金を使うのか、あるいは地蔵のように何もしないのか、見極めなければなりません。もしかして私たちは、カイシャというものが実在し、何かしてくれると期待しながら働いていないでしょうか。

もう一つの童話は「幸福な王子」です。こちらは寒そうな地蔵とは反対に、宝石と金箔に包まれた王子の像が主人公です。王子の像は、貧しい人々に心を痛めます。そして、ツバメに頼んで、像についているものを剝がさせ、人々に分け与えるという話です。

王子の像についている宝石や金箔は、カイシャに蓄えられた内部留保のようですね。

この童話では、王子の像が意思を持って資産の分配を決断しますが、やはりこれも現実にはありえません。像に意思はありません。そしてカイシャにも意思がありません。

意思と権限を持つのは経営者です。社員に分配するのか、社会に還元するのか、それとも私利私欲のために使うのか、あるいは銅像のように何もしないで貯めておくのか。

私たちは、生きていないものではなく、生きているものに注目し、信頼できるかどうかを見極めていかなければなりません。

もしかして私たちは童話の銅像のように、カイシャが優しい心を持っていて、「いいカイシャ」だと信じていないでしょうか。もしそうなら、かなり痛い人であると認定します。

すべてのカイシャ員は、結果的に「代表のため」に働いている

これからの時代、プロジェクトのようなカイシャが増えてくると私は予想しています。やりたい事業が見つかったら、すぐに起業し、役割を終えたらすぐに解散するようなイメージです。インターネットのおかげで、人もお金もスピーディに集められる時代にな

りました。

人を惹きつける夢があって、共感する出資者がいて、そこに協力したいと思う仲間が集まってきて、新しいプロジェクトが立ち上がる。この瞬間はとても楽しい。

ところが、今のカイシャはどうでしょうか。夢は大体実現できたんだけど、この美味しいポジションを維持するためには、次にまた儲かることをやらなければならない。次はなにをしようか、と言い出します。

先に述べたように、日本のカイシャはどんどん大きくなっていて、カイシャによっては何百億円、何千億円というお金が貯まっています。そしてそれを、ごく少数の人たちが勝手に動かせるようになっています。

私たちは誰のために働いているのでしょうか。いくら「カイシャのため」と言っても、実際にはそのトップにいる「経営者たちのため」に働いている。「自分はカイシャにこ

カイシャではなく、生きている経営者が信頼できる人かどうか。

れだけの利益を出した」と言っても、その利益は最終的にカイシャの口座に入り、その口座のお金を使うのは経営者の人たちです。どこにどうお金を使うか、という分配の比率はこの人たちが決めています。

ですから、「カイシャのため」という言葉には危うさがあります。「自分は我が社のために一生懸命働いています」と言う人がいたら、私は反論します。「あなたが働いているのはカイシャのためじゃなくて、このカイシャの代表のためなんですよ。頑張って働いて利益を出すということは、経営者が使うお金を増やすことなんですよ」と。

つまり、**よく見ておかないといけないのは、カイシャというモンスターのブランドやイメージではなく、生身の人間である代表取締役が本当に信頼できる人なのかどうか。**そこを間違えると、知らぬ間に搾取されていたり、仕事が全然楽しくなかったりしてしまうわけです。

イケてない代表の下で偉くなっている人は、
たいていイケてない

イケてない代表がイケてない執行役員や局長・部長を選び、
「負の連鎖」が続いていく。

「でも、今の代表がイケてなくても、大きな企業であれば、代表は四年ぐらいで交代する。今のイケてない代表が、次はイケてる代表になる可能性もあるのでは?」と疑問に思う方もいるかもしれません。

しかし、「たいてい、次の代表を選ぶのは、今のイケてない代表」ということを忘れてはいけません。代表取締役という役職が怖いのは、「カイシャの資産を使う権利」を持っているだけではなく、「重要な役職に誰を就かせるかを決める人事権」も持っていることです。次の代表としてイケてる人を選んでくれるといいのですが、基本的にはそうならない。**イケてない人は、自分にとって都合のいい人を選び、自分の利益**

を脅かす人を選ばないからです。

勤めている方には申し訳ありませんが、具体的に東芝というカイシャについて考えてみます。世の中の人の東芝に対するイメージは、老舗《しにせ》の国内電機メーカー、というところでしょう。東芝は長期間、不正会計を続けてきたことで話題になりました。「なぜ歴代の代表の中から、不正会計にメスを入れるような気骨のある人が出てこなかったのか？」と多くの方が疑問に感じたのではないでしょうか。イケてない代表は、次の代表にイケてない人を選ぶということを忘れてはいけません。

今の代表は、代表を外れても会長になり、そのうちしっかり退職金をもらって出て行きます。だから、後継には自分にとって都合のいい人を選びます。それは次の代表もそうです。そして、悲しいことに、こうした歴代の代表が、自分の下で働く執行役員や局長・部長を選ぶことになります。イケてない代表がイケてない部長を選び、その部長がイケてない課長を選ぶ、負の連鎖が発生します。

そこであなたが「よし、このカイシャを何とかして変えたい」という立派な志を持っても、**変える権力を手にするには「イケてない人に選ばれ続ける」という我慢を積み重**

ねていかないといけない。我慢レースの始まりです。

「残業しろ」と言われたら残業するし、「ゴルフに付き合え」と言われたら行くし、「転勤しろ」と言われたら、買ったばかりのマイホームを離れてでも転勤する。イケてない人の言うことを聞いて、認められて、ようやく一つ昇進する。

まさに我慢レースです。代表取締役まで上がると美味しいけれど、そこまでは我慢レースを耐え抜いていかないといけません。まともなことを言って変革しようと試みたりしようものなら、レースから外されてしまう。だから我慢し続けなければならない。

そして、昇進して権限が強くなったころには、もうとっくにあなたの全盛期は過ぎている。あなたの考えは時代遅れになり、若者たちの足を引っ張ることになる。

我慢レースに耐え、権限が強くなったころには、もうあなたの全盛期は過ぎている。

もちろん、カイシャにいる人が全員「イケてない」ということはないでしょうし、素敵な人も大勢いると思います。ただ、今のカイシャが楽しくないと思っているのであれば、自分がこうした我慢レースに入り込んでいないかどうか、少し距離を置いて考え直してみてもいいかもしれません。

日本のカイシャに埋め込まれた、社員を我慢させる巧妙な仕組み

カイシャには、その我慢レースのための仕組みがたくさん入っています。

例えば、わかりやすいのが「年功序列」という仕組みです。毎年、同じ年次の人たちは同じくらい給料が上がっていくという、横並びの仕組みです。

年功序列の仕組みを採用しているカイシャでは、「今年はこんなに大きな成果を出したので、一気に給料を上げてください」という社員の主張を認めません。大きな成果を出し続けている五年目の社員と、ここ数年、大して仕事をしていない部長を比べると、部長の給料の方がずいぶん高い、ということになります。若い人に対して、「お前、今

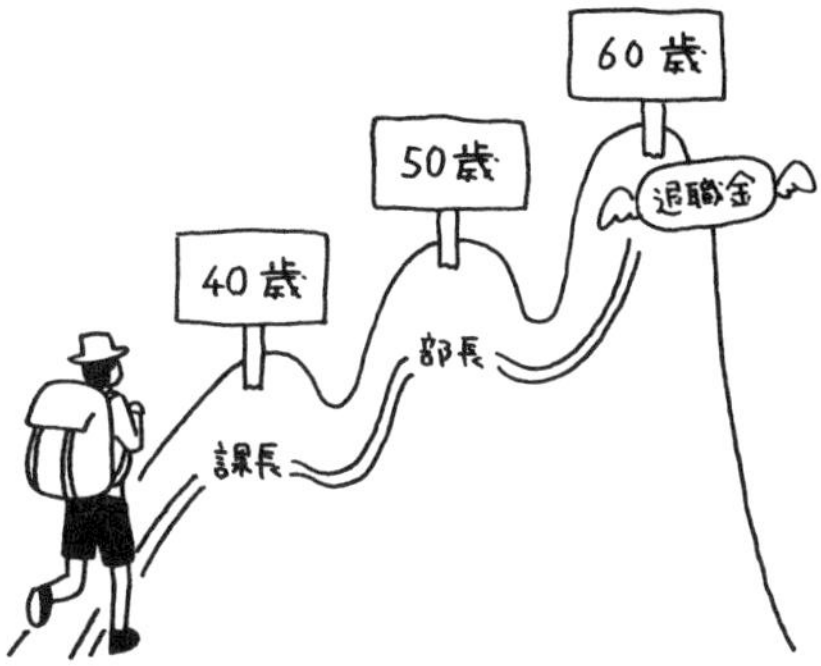

日本のカイシャには「昇進」や「退職金」などの
「我慢の仕組み」がいろいろと入っている。

は我慢しろ。あとで給料上げてやるから」という仕組みになっていると言えます。

退職金の制度もそうです。退職金は、長くいればいるほど増える仕組みになっています。

私は最初のカイシャで、三年三カ月働きました。大学を卒業し、一九九四年の四月に入社して、九七年の七月に退職しました。そのときの私の退職金は、一九万二〇〇〇円。私は計算してみました。もし、一次関数的に退職金が増えていくのであれば、三年働いて一九万二〇〇〇円ということは、三十年働いてもらえる退職金は、その一〇倍で一九二万円でしょうか。これはさすがに少ないですね。

年功序列を採用しているカイシャの多くは、勤続年数が長くなればなるほど、退職金の額は飛躍的に上がっていく仕組みになっています。つまり、**「我慢すればするほど、もらえるお金が増えやすい仕組み」になっている。**「今辞めると損するでぇ。もうちょっと我慢した方がええんちゃうか」。そんな声が聞こえてきます。

今の日本のカイシャには「我慢させる」ための仕組みがいろいろと揃っています。「昇進」もそうです。日本の大企業では、基本的に上司が年上。部下が年上というのはレアケースです。つまり、歳をとらないと権限をやらない。

「転勤」もそうです。部下は、上司が決めた自分の勤務先を断ることができません。転勤辞令を受け取ったら、多くの場合は辞令に従うしかありません。それが、新居を買ったばかりだったとしても、子どもが学校に慣れてきたタイミングだったとしても。もし配偶者も働いていたとしたら、その仕事をやめてもらうか、自分だけが単身赴任するか、厳しい選択を迫られます。

これらの日本的な雇用形態のことを「メンバーシップ型雇用」と呼びます。勤務地や職務内容に制限をつけずに雇用するこの形態は、人事権を持った人が社員の勤務地や仕事の内容を自由に決めることができます。一方、他国では主に「ジョブ型雇用」といって、雇用契約で勤務地や職務を明確に定めてから働きますので、合意のない転勤は起きません。

日本のメンバーシップ型雇用は「終身雇用」も一つの特徴です。終身雇用だから解雇されることがなくて安心だ、とよく言われます。しかし、実際には、定年制度によって六十歳前後で必ず解雇されます。本当は「終身」雇用ではありません。これから「人生百年時代」を迎え、年金も期待できない未来を想像すると、いきなりカイシャから追い出される定年制度は、働く身としては危険な制度です。ちなみに、米国では定年制度は年齢差別に当たるため、憲法違反として認められていません。

つべこべ言わずに我慢しろ、甘い汁を吸いたかったら、今は我慢なんだという、「我慢の仕組み」が日本のカイシャに入っている。歳を取れば、有無を言わさず追い出す制度まで整っている。**その我慢レースのルールを作っているのは誰か。それがまさに、カイシャのトップにいる代表取締役です。**

「お前ら、俺みたいにいい思いをしたかったら我慢しろ。歯を食いしばって働け」と、言うことを聞かせる。

だから、楽しく働きたいと思ったら、どんな人が代表なのかをよく見ておいたほうがいい。この代表のためだったら働いてやってもいいなという気持ちが持てないと、我慢ばかりのつらい時間を過ごすことになってしまう。

巨大になったモンスターは、格好良く見えるかもしれません。でも、それを実際に動かしているのは、所詮、普通の人間です。いや、あなたのカイシャの代表は、じつは人間ではなく、何十年も我慢レースを走り続けて人間性を失った、ミニ・モンスターかもしれません。

社長とは、独裁者である？

取締役を誰にするかは、株主総会で決まります。ですので、株主総会が開催される前に、次の取締役候補者を選ぶわけですが、多くのカイシャでは今の取締役が次の候補者を決めます。ある意味、自薦ということになります。

自薦して、株主総会で承認を採ってしまえば、あとはやり放題。ガバナンスが利いていないカイシャが多いのが実情です。取締役が次の取締役を指名して、権力が引き継がれていきます。

そして、取締役が集まって取締役会を開き、取締役の中から「代表取締役」を選びます。権力者が集まって、その中から最高権力者を決めるわけですから、熱いバトルが繰り広げられそうなものですが、多くのカイシャでは淡々と決まります。現在の代表取締役が、次の代表取締役を指名して終わりです。

ですから、取締役とはいえ、現在の最高権力者である代表取締役の顔色をうかがうことが大事になるのです。

ちなみに、社長という言葉と代表取締役という言葉について、少し説明しておきましょう。「社長」ってなんだか偉いイメージですよね。でも、じつは社長というのは内部的

巨大なモンスターは格好良く見えても、それを動かすのは普通の人間です。

な役職の名前なので、カイシャ法で言うと何の権力もありません。法律上、権限がない。

ですから、**カイシャを見るときに、一番見ておかないといけないのは「代表取締役」です**。代表取締役と社長は同じ人が務めていることが多いのですが、カイシャによっては別の人物がついていることもある。例えば、「取締役社長」という場合もあるし、「代表取締役会長」という場合もあります。

その場合に実権を握っているのは、社長ではなく、代表取締役の方です。代表取締役は、カイシャを代表して単独で契約を結ぶことができ、日々の業務をどのように進めるのかを意思決定する権限があります。自分に都合のいい人を部下に指名していくことができる。ある意味、独裁的に振る舞うことができます。

株主ですら代表のやることを止められない

ここで、賢明な読者の中には「本来は、代表取締役を見張る役割を担っているのが株主なんじゃないの？」という疑問が生まれているかもしれません。その点についても考えてみましょう。

たしかに株主は「こいつを代表取締役から下ろせ」「取締役を解任しろ」と言うことができます。ただ、企業が成熟し、大きくなってくると、それがだんだん機能しなくなってきます。大企業になると、株主がどんどん増えていって、意見をまとめられなくなるからです。

ある株主が、「代表を交代させたい」と思ったら、それに賛同してくれる株主を大勢集めないと、必要な票が集まらない。カイシャが小さいときは、株主も数が知れているので、「あの代表、最近自分の懐しか考えてないわ。辞めさせよう」と思ったら、株主同士で相談して辞めさせられる。でも、大企業になればなるほど難しくなります。

日本のカイシャは今、個人株主が多く、シェアでみると多くても一、二パーセントしか株式を持っていなかったりします。そういう株主の集まりなので、団結しづらいのです。

わざわざ団結して意見をまとめて代表を辞めさせる活動に時間を割くくらいなら、サクッと株式を売ってお別れする方が早い。ですから、**大企業の代表取締役は、辞めさせられるリスクも低いし、給料も増やせるし、とても美味しい立場にいます。**

ＩＴベンチャーが大手放送局に買収を仕掛けたのは、そういった「力のない株主たち」と逆のやり方です。大手放送局の代表取締役や経営陣の人たちが美味しい思いをして、あまり経営努力をしていないと感じたから、株式を買い占めることでプレッシャーをかけにいった。

時折こういう動きはあるものの、今は買収防衛の手段が入っていたりするので、やっぱり代表取締役は美味しいポジションのままです。

カイシャの代表がどのような人物であるかを見極めることは、とても重要です。代表が普段どのような発言をしているのか、できるだけ調べてから入社を考えることをお勧めします。逆に、**代表のことを調べようとしても、なかなか情報が見つからないときは、疑ってかかったほうがいいかもしれません。悪いことをする人は、たいてい陰でコソコソやるものです。**

さて、ここまでの話をいったんまとめてみましょう。

日本のカイシャが楽しくないのは、「社員を我慢させる仕組み」で運営されているから。その仕組みを作っているのは、カイシャの代理人である代表取締役。だから、カイシャを選ぶときは、この代表取締役がどんな人かを見ることが重要である。

簡単にまとめると、このような話をしてきました。

では、**この「カイシャというモンスター」の見かけに惑わされないためには、どうすればいいのか。**この章の後半では、「理念」「売上」「利益」という3つのキーワードから、世間的に「いいカイシャ」と言われるカイシャが、「いいカイシャ」とは限らないことを見ていきたいと思います。

「売上を伸ばす」が理念になってしまっている日本のカイシャ

多くの学生は、大学三年生の終わりくらいから「そろそろ就職活動しなきゃ。どこにエントリーしようかな」と考えますよね。「こちらのほうが給料がいい」とか「こちらのほうが成長できそう」とか、就職のナビサイトに登録されているカイシャの中から、登録してある情報を見て選ぶことが多いのではないでしょうか。

でも、そもそものカイシャに「なぜ人が集まったのか」については、あまり考えようとしません。

そこになぜ人が集まったのか、なぜそのカイシャが生まれたのか。

ほとんどのカイシャでは、創業者の一人が「自分だけじゃできないけれど、やりたいことがある。だから仲間を集めよう」と言って、カイシャを作ります。

例えば一人で車を作って売ろうと思ってもできないから、カイシャを作る。メンバーを集めて、カイシャ名をつける。

それがまさに「カイシャができる瞬間」です。そして、日本のカイシャ法に沿って、カイシャを作る資料を提出して事業を進めていく。

だから、**カイシャが作られたときは、元々はっきりした目的があったはず**です。目的は「とびきり速い車を作ろうぜ」でもいいし、「安い車をたくさん売ろうぜ」でもいい。

それが、時が経つうちに変わっていっても構いません。

ただ、カイシャの目的がないのであれば、そもそもカイシャに人が集まっている理由がないわけです。

「カイシャの目的」、それがいわゆる「企業理念」です。

ところが、その企業理念が実際にはあってないようなものだったりする。起業したときには、「こんな製品で、こんな人を喜ばせるぞ」と具体的だったのが、カイシャが大きくなるにつれて、当たり障りのない、ぼやけた企業理念になっていく。「社会を豊かにする」とか「よりよい社会を作る」とか「世界の発展に貢献する」とか。漠然としていますね。

さらに、カイシャが世間に知られるようになっていくと、経営者が周りの目を気にするようになり、いつの間にか目的が「売上を伸ばす」「利益を増やす」となって、「利益を増やしますから、代表をやらせてください」となってしまう。

こうなると企業理念を重んじることすらなくなります。**企業理念に「お客様第一」と掲げていても、実際の現場では「今月のノルマ達成が一番大事だ」と、優先順位が入れ替わってしまう**のです。

カイシャに人が集まる理由がなくなってきている

創業者がカイシャを作って、人を集めていったときには、おそらく魅力的な目的が、ビジョンが、理念があったのだろうと思います。それに共感した人が「私もそれに協力したい」と集まってくる。

例えばパナソニックの創業者、松下幸之助さんの経営哲学として有名な「水道哲学」があります。「電化製品を水道の水のように安くたくさん作って広げる」というものです。「それ、いいね」と共感した人が集まってきて、それが大きな力になって事業が広がっていく。

ところが、時代は変わりました。たいていの電化製品は安く買える。テレビも冷蔵庫も炊飯器も、生活に必要なものは普及した。だから、企業理念を、その時代や状況に合わせて変えていかなければならない。

カイシャの理念に人を惹きつける力がなくなっていったら、そこでリフレッシュしないと、カイシャに人が集まる目的がなくなってしまうのです。

もう少し、理念について考えます。最初にカイシャを作る人はどうやって理念を持ったのか。たいていの場合、社会にニーズを見つけ、それを満たしたいと考えるところから始まります。例えば「移動するのが困難な人を助けたい」とか「もっと斬新な味のお菓子を食べたい」とか、そういったものです。社会でまだ解決できていないニーズを見つけ、それを満たそうと理念を作り、カイシャを作る。

サイボウズの場合は、最初、「もっと安くて使いやすいグループウェアを作りたい」と思ったのがきっかけです。世の中にはすでにグループウェアがありましたが、動作が重いし、機能が複雑で使いにくかった。新しいインターネットの技術を使えば、もっと安くて誰でも使えるグループウェアが作れるんじゃないか。それが最初の理念です。

ただ、それは一人ではできない。開発したり、販売したり、サポートしたり、やるべきことがたくさんある。だから、仲間を集めて三人でスタートしました。やっているうちに、「それ、面白そう」「私もやりたい」と人が集まって、徐々に集団の規模が大きくなっていきました。

この状態のときは、理念がまだはっきりしており、楽しく仕事をしやすい状態にあります。自分の活動が、社会のどのニーズに応えているかの実感を得られるからです。**ただ、当初の目的だった社会のニーズをあらかた埋めてしまったり、期待していたほど事業が伸びなかったりすると、なんとなく組織だけ、カイシャだけが残ってしまう。**死ぬことのない妖怪「カイシャ」が、それまでに稼いだお金を口座に溜め込んだまま生き残った状態になる。

サイボウズもかつてはそうでした。

理念に沿って、安くて使いやすいグループウェアを開発したところ、予想以上にヒットして起業から三年で上場。しかし、その後、事業は伸び悩み、なんとなく組織だけが残ってしまいました。そこで、事業を拡大するために、企業の買収（M&A）を始め、一年半で九社を買収。売上はあっという間に四倍に。しかし、理念なき拡大はマネジメント不全を引き起こし、組織は弱体化しました。

これではいけないと、新しい企業理念「チームワークあふれる社会を創る」を掲げ、事業の整理と組織の一体感を取り戻すまで数年の期間が必要でした。


この経験から、組織に最も重要なことは、社員が一体感を持って取り組める企業理念だと気づきました。しかし、世の中の多くの企業は、企業理念を軽視しているように思えてなりません。企業理念を重視しないということは、集まる理由が弱いということです。集まる理由がないところで働いて、楽しいはずがありません。**自分は何のために働くのか。企業理念は、働く一人ひとりにとって、モチベーションの根幹なのです。**

理念がなくなったカイシャは、さっさと潰した方が社会のため？

「カイシャは永続すべきである」と言われることがありますが、私はそれには賛成しかねます。**これからの時代、もっとカイシャは作りやすくて、解散しやすいものになる**と思っているからです。だから、理念が弱くなってしまったカイシャは、むしろ早くリセットしてしまったほうがいい。

カイシャという妖怪は、最初は規模も小さくて影響力は弱いですが、毎年利益を出しているうちに、どんどん規模が大きくなっていく。カイシャの口座にあるお金も増え、モンスター化していく。そして、創業者がいなくなり、理念を強く持てない代表が、そ

集まる理由がないカイシャで働いて、楽しいはずがありません。

の組織と口座を引き継ぐことになります。以前よりはるかに大きくなったモンスターの代理人になるのです。これは危ない。でも、今の日本にはそんなカイシャがたくさんあります。

理念を持てないサラリーマン代表取締役は、とりあえず他人から批判されないように、雇用を維持し、売上と利益を向上させることを目的に経営をし始めます。すると、職場にやらされ感が出てきて仕事を楽しめなくなるし、社会の役に立っている感覚も失われてしまう。目先の数字に追われる毎日。だったら、一回リセットすればいい。

カイシャはバーチャルな人なので、このモンスターが死んでも、じつは誰も困りません。そんなカイシャはいったん解散して、継続したい事業は引き取ってくれるところに売却する。溜まったお金は、新しいカイシャを起こす仲間に投資をしたり、社員が転職に必要なスキルを身につけるために使ったり、今までお世話になった関係者で山分けしたりすればいい。

実在しないモンスターの口座の残金がゼロになっても、生身の人間は何も困りません。むしろ人間への還元が増えるという点で、歓迎できることかもしれません。

人をワクワクさせてくれる理念は世の中にたくさんあり、そして、次々と生まれています。魅力的な理念を掲げ、実現のために手助けしてほしいと思っているカイシャはいくらでもあるのです。

新しいことを始めるには、今やっていることをやめる必要があります。どんどんやめて、どんどん始めればいい。

例えば、世の中の部活動やサークルも、だんだん魅力がなくなってきたら、一回解散して別の新しいサークルや新しい部を作り直している。そうやってまた、人が集まる活動の魅力を取り戻す。とても自然なことです。

どうしてカイシャは永続しなければならないのでしょうか。もしカイシャを解散することで、今の顧客が困ってしまうのであれば、顧客と相談して困らないような手を打てばいい。カイシャと事業は別物です。継続すべきは顧客に必要な事業であって、カイシャではありません。

サラリーマン代表取締役の下では、数字に追われる「やらされ職場」が出現します。

むしろ、理念を失ってまでカイシャを存続させるほうが、社会への悪影響が大きいと私は思います。「カイシャを永続させる」合理的理由は存在しないのです。

カイシャが生まれるとき、それはとてもドラマチックな瞬間です。誰かが掲げた魅力的な理念に共感して人が集まってきて、例えば大きな社会問題を一緒に解決したい、新しい製品やサービスを生み出したいと心から願ってカイシャを作る。それは、一生の思い出に残るようなワクワクできる瞬間です。

ところが、当初の目的を達成し、次の理念が曖昧であるにもかかわらず、リセットしないで「とりあえず、何かやらないと」とカイシャを存続させていく。

これだけインターネットが普及し、たくさんの人々がつながるようになると、人を集めるのも、お金を集めるのも比較的簡単です。**理念がぼんやりしたカイシャは、さっさと解散してしまって、新しくエキサイティングなカイシャを作ったほうが、はるかに楽しそうだと思います。**

あなたはカイシャの理念を言えますか？

カイシャの理念にワクワクできますか？

答えが「ＮＯ」なのだとしたら、「カイシャが楽しくない」理由の一つはそこにあるのかもしれません。

売上が大きい＝顧客からたくさん巻き上げている

ここまで、「カイシャはモンスターである」というお話をしてきました。**大きなモンスターは、周囲からは格好良く見えます。売上も利益も大きく、なんだか安心できそう。**なんだか信頼できそう。なんだかすごいことをやっていそう。だから、そのモンスターに仕えて働くことは素晴らしいことのように見えます。けれど、それが楽しいことかというと、じつはそうでもないんじゃないか、というのが私の考えです。

そもそも「売上」とは何なのでしょうか。シンプルに定義すると、「顧客が払ったお金の総額」が売上ということになります。そして、世間一般で言えば、売上の大きさが大きいほど「すごいカイシャ、いいカイシャ」だと考えられているでしょう。

でも、ちょっと見方を変えると、その「すごい」は結構怪しい。お金を払ったお客様の中には、払いたくないのに仕方なくお金を払った人がいるかもしれない。もっと安く買いたかったのに、高く売りつけられた人がいるかもしれない。それだったら価格を下げて、より多くの人に提供しているカイシャのほうが社会にとってよほどありがたい存在かもしれない。

売上が大きいということは、「顧客からたくさん巻き上げている」とも言えます。人から巻き上げたお金の総額が売上です。『ドラえもん』のキャラクターでたとえるなら、「のび太、金持って来い」「おまえのものは、おれのもの」と言っているジャイアンのような存在です。それで「我が社は売上が大きい。すごいだろう！」と言われても、微妙な話ですよね。

世の中には売上を上げなくても、すごいことをしている人たちがいます。

例えば、Ｌｉｎｕｘという０Ｓを作っているリーナス・トーバルズという人。彼を中心にして構成された開発チームは、無料でソフトウェアを提供していて、そのソフトは世界中のコンピュータで動いています。

インターネットのサーバーのほとんどはＬｉｎｕｘだし、Ａｎｄｒｏｉｄ端末もＬｉｎｕｘをベースに開発されたＯＳで動いている。金額に換算すると、とんでもない価値を生み出していることになるけれど、私たちは無料で使わせてもらっています。開発に必要なお金は、世界中から集まってくる寄付でまかなう、というビジネスモデルです。Ｌｉｎｕｘファウンデーションという財団を作って、そこで寄付を受け付けています。マイクロソフトのＷｉｎｄｏｗｓよりもたくさん使われているＯＳを、なんと売上ゼロで提供しているのです。

オンライン辞書の「Ｗｉｋｉｐｅｄｉａ」も同様のモデルです。世界でスタンダードとして使われる辞書になりましたが、こちらも無料で使えます。売上はゼロで、収入は個人の「寄付」だけで成り立っています。Ｗｉｋｉｐｅｄｉａによって、貧富の差にかかわらず、世界中の人たちが等しく知識を獲得できるようになりました。近年では、これらのようなカイシャを超えた組織が、次々と登場しています。

だから、「Ａ社は売上が○億円。Ｂ社の売上はその半分しかない。だからＡ社のほうがすごい」という話を聞いても、疑ったほうがよいと思うのです。

規模でカイシャを選ぶと「楽しく働く」から遠ざかる

売上を増やすことを目的にしているカイシャでは、売上を増やすための仕組みを必死になって考えます。どうすれば消費者の財布の紐を緩められるだろうか、どうすれば毎月お金を払わせることができるだろうか。どうすれば、「ああ買っちゃった」と言わせられるだろうか。そして、その思考と努力の結果、売上の規模が大きくなっていく。

もし、あなたがそのビジョンに共感できるのであれば、そのカイシャへ行って楽しいかもしれない。でも、それだとモチベーションが湧かない、ということであれば、売上の規模でカイシャを選ぶのは、やめたほうがいいでしょう。

売上が大きいカイシャを選びがちなのは、世間から「すごいカイシャに入ったね」と言ってもらえるから。 そういうわかりやすい基準に頼りたいという自分がいるのかもしれません。経営者も社員も、まだまだ「売上が大きいカイシャはすごい」と思っているところがあるわけです。

私自身も同じでした。新卒で松下電工に入社して、「誇らしい」と思う自分がいました。「俺は松下だよ、松下の社員だよ」と言える。名刺を渡すときも、自分たちのカイシャは大きいという安心感がある。まさに「虎の威を借る狐」ですね。私自身は虎じゃないんだけど、大きなモンスターの衣《ころも》を借りて、それで満足している自分がいました。

しかし、実態は違う。自分は何万人といる社員の一人。つまり、大企業の何万分の一でしかない。明日、このカイシャから自分がいなくなったって、何も変わらずにカイシャは続いていく。虎の威を借りているだけの小さな存在。私はその現実から目を背けていました。**小さなプライドのために、自分が本当にやりたいことを遠ざけていました。**

大企業に入社しないと、大きな仕事ができないと考えている人も多いでしょう。ただ、これもなんとも言えません。例えば今、社会では「働き方改革」を進めることが国家の重要課題だと言われています。この国家の重要課題を引っ張っているのは大企業でしょうか。ニュースを見る限り、むしろ足を引っ張っているのが大企業のようです。

サイボウズには、毎日のようにこのテーマについて教えてほしいという依頼が届きます。その中には大企業の経営者も含まれています。サイボウズよりも何十倍、何百倍も大きなカイシャがサイボウズから学ぼうとしているのです。どちらが社会を動かしているのでしょうか。

もしかすると、様々な社会の課題を真っ先に解決しているのは、ベンチャー企業かもしれません。変化の波の最後尾を走っているのが大企業かもしれません。**時代が激しく変化していく中で、その変化を引き起こしている企業、その変化についていくことで精一杯の企業、その変化についていけない企業。それは、カイシャの規模とは直接関係がないのではないか**と思います。

広い牧場を想像してみます。たくさんの羊の群れを率いる一匹の牧羊犬。犬が「ワン」と吠えると、羊たちは「メェー」と鳴きながらゴソゴソ移動していきます。もしかすると、人間社会でも似たようなことが起きているのではないか、と思います。羊として集団に埋没して生きるか、犬として社会にリーダーシップを発揮するか。どちらとして生きるのが楽しそうでしょうか。

歴史に名を残す革命家は、たいていの場合、大きな組織に所属した人ではありません。大勢を動かす少数派こそ、本当に大きな仕事をしているように思えませんか？

先日、大手都市銀行のグローバル人材マネジャーが、あるイベントでこのように発言しました。「今まではベンチャー企業を助けるのが私たちの仕事でした。しかし、今は私たちがベンチャー企業に助けてもらわなければなりません。現代の変化についていくには、私たちはもっとベンチャー企業から学ぶ必要があるのです」。とても印象的な発言でした。

世間は、売上の大きさを基準に、カイシャの価値を測りがちです。そして、経営者自身もその風潮に合わせてカイシャを経営してしまっています。

もし、あなたが「楽しく働ける環境」を探すのであれば、売上を基準にカイシャを選ぶのは危険だと思うのです。

利益が上がっているカイシャほど、疑ってかかる

もう一つの指標、「利益」を考えてみましょう。

売上が大きいカイシャは、利益でも怖い面があります。というのも、売上が大きいと、簡単に利益を上げられるからです。例えば、人件費を一〇パーセントカットすれば、短

羊として集団に埋没して生きるか、犬として社会にリーダーシップを発揮するか。

期的に大きな利益を上げることができます。そして、経営者は、利益を増やしたことを理由に自分の給料を上げることができます。それを自分の懐に入れて、あとは辞めるだけ。美味しい商売ですね！

大企業は、利益が増えたり減ったりすることで、新聞や経済誌にあれこれ書かれますから、大企業の経営者は利益という数字を気にしています。利益は、儲かっているかどうかを測る指標になっています。

カイシャのお金の流れを考えてみましょう。

お客様や取引先が支払ってくれたお金は「売上」となって、カイシャの銀行口座に入金されます。そのお金は、そこからいろいろなところに分配されていきます。給与として社員の銀行口座に振り込んだり、仕入先の企業に代金を支払ったり、借りているオフィスの家賃を払ったり、経営者は自分の懐にも入れたりしながら、お金をどんどん分配していきます。そこから残ったお金が、利益になります。

ですから、**利益を増やそうと思ったら、分配を減らせばいい。**これが危険な構図です。その気になれば、「あとで上げてやるから我慢しろ」と社員の給料を抑えて、「下請けい

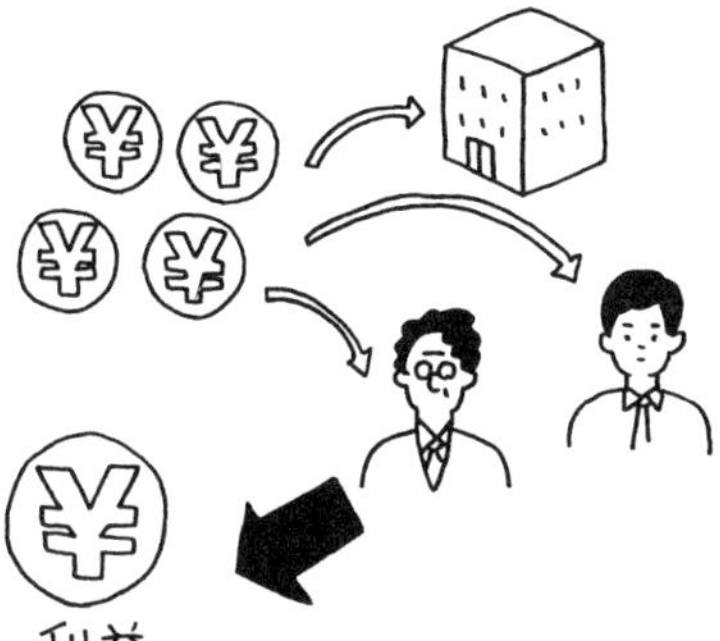

「売上」はいろいろなところに分配され、残ったお金が利益になる。

じめ」によって取引先への支払いを減らし、場合によってはリストラして社員を減らしてさらに人件費をカットして、家賃が安く環境の悪いオフィスに移転して、それで「利益が上がりました！」と言うことだってできる。最近では、働き方改革ブームに乗って、社員をオフィスから追い出し、残業代を減らしている企業もあると聞きます。

そして、「利益が上がったから、もっと給料をもらってもいいだろう」と、経営者が自分の給料を上げることもできる。

利益は本当に怖いものです。何としても利益率一〇パーセントを達成しないといけないから、下請けに払うお金を減らそうとか、やりたくないけど手っ取り早く儲かりそうなビジネスをやろう、とか。よく見聞きする光景です。

楽しく働けるカイシャかどうかを判断する際には、利益よりも、どこにどれくらい分配しているのか、というところを見たほうがいい。

「利益率が高いカイシャ」「利益をたくさん出しているカイシャ」は素晴らしい、と見られることも多いのですが、「利益がきちんと分配されているかどうか」をよく見た方がいいでしょう。もちろん、カイシャの理念に沿って、効率よく理念を実現するために努力した結果、利益が出やすくなった、ということであれば問題はありません。

あなたがそのカイシャに入ったときに、あなたの給与や職場環境にきちんと分配される仕組みになっているか。働く社員に様々な我慢を強いて、その結果として利益を上げているカイシャじゃないかを確認しておいたほうがいい。

自分たちの分配や利益に関する方針を積極的に発信していない、情報のオープンさに欠けるカイシャは、経営者が裏で怪しいことをやっているかもしれません。

「利益はカス」と言い切る、すごいカイシャ

すごいカイシャが長野県の伊那市にあります。伊那食品工業という、経営者の間ではとても有名なカイシャです。

私は初めてこのカイシャを訪問したとき、「しばらく帰りたくない」と思いました。カイシャの敷地にあるのは、オフィスというよりも「日本庭園」。東京ドーム二個分の面積を持った美しい庭が広がっているのです。手入れされた草、木、花に囲まれ、自然と安らいだ気持ちになりました。

このオフィスに通う社員は、ここにいるだけでも幸福感を感じられると思います。お金を払ってでも味わいたい、とても気持ちのいい空間ですから。そういうところに売上のお金が分配されているわけですね。この庭園は社外の人たちにも公開されていますから、地域の方々や観光客も日々訪れています。地域の人たちの安らぎの場所にもなっているのです。

売上は、給与以外の方法でも社員に分配されます。気持ち良く働ける環境を作るため

に、積極的にお金を使う。社員が毎日通う空間にどれくらい気を使って、お金を分配してくれているんだろうかという点も、「楽しく働ける」カイシャを見分けるポイントの一つですね。

伊那食品工業の塚越寛会長は、「利益はカス」とおっしゃいます。

いただいたお金を仕入先、パートナー、従業員、社会に還元して、絞った残りカスが利益なのだ、と。カスは健全にビジネスができていれば出てくるものではあるけれども、所詮それはカスであって、目的ではない。

「**どちらかというと従業員の給料のほうが目的で、利益はあくまでもカス。そのほうが少なくとも働く人には幸せですよ**」とおっしゃるのです。

今、日本の多くの企業では内部留保と呼ばれる資産が増えています。なぜ積極的に従業員に分配したり、社会の未来のために投資したりしないのでしょうか。

利益を分配しない経営者は、こんな風に考えているのかもしれません。「どうせお金を使うのなら、利益を増やすために使いたい。そうすれば妖怪の使用人である自分におこぼれが回ってくる。一般社員は我慢すればいい。昇進した自分たちだけが快適に働ければいいのだ」。こういう発想なのかもしれません。働く生身の人間ではなく、妖怪や自分のほうを見ている。

ところが、塚越会長のような経営者からすると、むしろ分配することが目的だから、「この快適な環境を維持するために、明日もみんなで頑張って働こう」と考える。**カイシャの代表がどちらを見て経営しているかによって、お金が流れる方向が変わってくる。**

オフィス環境が快適で、そのカイシャに通うのが楽しくて、そこで働く人たちがいい気分で仕事ができて、いい仕事ができたのでお客様が喜ぶとなれば、関係する人たちはみんな幸せになれるのです。

サイボウズは「利益を出さない」ようにしている

伊那食品工業がある長野県伊那市は人口約六万八〇〇〇の小さな町ですが、最近は噂が広まり、求人の応募者が増えているそうです。地元の人を中心に採用しているとおっしゃっていましたが、ここ数年は二〇人ほどの大卒採用枠に一二〇〇人以上の応募があるそうです。
この伊那食品工業のように、きちんと生身の人間のほうを向いてくれる代表も、世の中にはたくさんいる。ただ、大きい妖怪のほうが、テレビCMなどメディアで広く知られていたりするので、安易に安心感を抱いてしまう。

だから、妖怪の化けの皮に騙されず、いかに楽しく働けるカイシャを選ぶか。それが「カイシャが楽しくなるかどうか」の秘訣だと私は思います。

妖怪に仕える人たちが自慢気に発表している数字は、売上にしても、利益にしても、雇用者数にしても、じつはそんなに意味があるものじゃないのかもしれない。

社会に対してきちんと価値を生み出して売上を上げているのか、それとも巧みに競合を排除することで楽に売上や利益を上げているのか。人の弱みにつけ込んで、お金をふんだくる仕組みを作ったのか。法律や規制に守られて独占市場を作っただけなのか。そこを見ないといけません。

資本主義は基本的にシンプルです。参入障壁を作り、自分たちの競合相手を減らし、市場を独占したり寡占したりすれば利益は簡単に出せます。利益率の高いカイシャは、たいていそうしています。日本では、携帯電話の大手通信ガイシャは三社とも巨額の利益を出しています。使える電波が限られていることもあり、新しく参入してくるカイシャがほとんどないので、通信料金を下げなくても買ってもらえるからです。

独占・寡占市場で既得権益を握ったカイシャは資金力があります。もし自分たちを脅かす競合が現れたら、早めにそのカイシャを買収するなどして、巧みに価格をコントロールします。まさに、敵を丸呑みしてしまうモンスターのようです。

そうは言っても、サイボウズもじつは人のことは言えません。サイボウズは日本のグループウェア市場では比較的高いシェアを獲得しています。ある意味で寡占市場の一翼を担っています。サイボウズが利益を出せるのは、本当にいいことなのか、怪しいぞ。

少しサイボウズの話を続けますと、サイボウズは利益をあまり出さない方針で経営しています。「働き方改革」が大きなトレンドになっている今、徹底的にいろいろなとこ

妖怪の化けの皮に騙されず、いかに楽しく働けるカイシャを選ぶか。

ろにお金を使って、本気で社会を変えようと思っています。

投資先の一つは、クラウドサービス。クラウド上で情報共有して働くのが当たり前になれば、人間はもっと柔軟に働ける。時間や場所にとらわれず、育児や介護をしながらでも社会に貢献できる。そうなれば今、日本で起きている少子高齢化の問題を解決できるかもしれない。それが実現できるならサイボウズが赤字になろうが関係ない。低価格で質の高いクラウドサービスを普及できるよう徹底的に取り組み、社会を変えていかなければならない。

また、ＩＴツールだけで世の中を変えられるほど甘くはない。人々の考え方自体を変えなければ、せっかくのツールも使いこなせない。そこで、ソフトウェアの事業とは直接関係のないところで、様々な情報発信をしています。それが自社メディアの『サイボウズ式』だったり、社会に問題提起するために制作したワーキングマザーの動画『大丈夫』だったり、働き方改革の現状を描いたアニメ『アリキリ』だったり、地方創生イベント『地域クラウド交流会（ちいクラ）』だったりします。

どうして売上に直接つながらないことにたくさんお金を使うのか、ときどき不思議に思って尋ねてくる人がいます。私たちの答えはシンプルです。「**サイボウズというカイ**

シャを永続させる必要はない。私たちの理念を実現するためにベストを尽くしたい」ということです。

利益が大きいからすごいカイシャだ、いいカイシャだ、というのは本当だろうか、と疑う。それは単にどこかから搾取している構図、あるいは競合を排除しているだけの構図なのかもしれない。社会のために、社員のためになっていないかもしれない。読者のみなさんには、ぜひ社会のために活動しているカイシャを見極めていただきたいと願っています。

赤字のカイシャは悪いカイシャか？

赤字のカイシャは悪いカイシャだ、と思われがちです。じつは私も長い間、「赤字は悪だ」と思っていました。新入社員のころ、そう教えられ、頑《かたく》なに信じてきました。利益を上げれば、法人税を払える。それで国の財政が潤い、国民のために道路が作られたり、医療費を賄《まかな》えたりする。だから利益を上げるというのはすごく大事なことなんだ、と教えられました。

しかし、その考え方は必ずしも正しいとは言えません。

まず、払われた税金が本当に国民のためになっているのかどうか、わからない。社会のためにならない使われ方をしていたとしても、私たち一般市民はコントロールできません。私たちが汗水垂らして納めた税金なのに、誰かの都合で「ここに道路を作ろう」と決められてしまう。社会にとって不要なところに、私たちが払った税金が使われる。

だったら、税金を払う代わりに、自分たちが自分たちで納得のいくことにお金を使ってもいいんじゃないかと考えました。先ほど例に挙げたサイボウズでの様々な活動は、まさにこの考え方に沿った試みです。国に任せるよりも、私たちの方がうまく社会を動かす自信がある。やる気もある。理念がある。政府が働き方改革をうまく進められないなら、自分たちでやってやろうと考えて、実際に行動を起こす。

まだ日本中が貧しくて、道路も全然足りない、土ぼこりの路をアスファルトで舗装するだけでみんなが喜んだ……という時代はもう過去のものになりました。今は、「これは誰が通るんだ？」というところに立派な道路が作られたり、年度末に予算を消化するために急に工事が始まったりする。裕福な高齢者にお金が使われる一方で、子育て中のシングルマザーへの補助が少なくて貧困から抜け出せない。税金が社会のために使われていないのです。

そうなると、**むしろ法人税を払って喜んでいてはいけないんじゃないか。自分たちが集めたお金は、自分たちの理念を実現するために、徹底的に自分たちで責任を持って使っていこう**、そんな考えに行き着きました。

さらに言えば、もしカイシャが利益を出さず、法人税を払わなかったとしても、じつは社会にはちゃんとお金が流れていきます。

新しい活動をするために社員やパートナーを雇えば、その人たちの給与になる。その給与は、彼らがものを買うための資金になって、経済を回していく。ものを買えば消費税も発生しますから、結局のところ税金にもつながります。

そうやってお金は流れていきます。カイシャの利益が出ずに法人税を払わなかったとしても、恥じる必要はまったくない。**利益を上げているかとか、赤字を出していないかといった目先の数字よりも、もっと実体を見たほうがいい。**

利益を出し、内部留保を増やしているカイシャが、いいカイシャかどうかはわかりません。社会や社員のほうではなく、モンスターのほうを向いて、お金を使っているのかもしれません。赤字のカイシャのほうが、社員の幸福や社会貢献につながっていることだって十分あり得るのです。

あなたのカイシャは「社会の幸福の総量」を増やしているか？

そう考えていくと、残念ながら社会の「幸福の総量」を減らしているカイシャがたくさんあることが見えてきます。

カイシャというモンスターには「子飼いの代理人」として代表取締役がいます。カイシャのお金の流れを決めるのはこの人です。**誰からどのようにお金を集めるのか。集めたお金をどこにいくら使うのか。この方針は、代表の「夢」によって決まります。**「社会の幸福の総量を増やす」のが夢なのか、「自分の幸福の総量を増やす」のが夢なのか。

カイシャを立ち上げたときに代表が持っていた強い夢が、創業者の高齢化や世代交代と共に弱くなってしまうことがあります。そんなときは、一度カイシャをリセットして、もう一度、創業し直せばいいのですが、消化不良のまま、次の代表がとりあえずバトンを受け取って走り出してしまう。夢を強く持てない代表は、夢を熱く語ることができないので、そこに集まってくる社員は、夢に共感できないまま何となく仕事を続ける。

それだけならまだマシです。**代表が、社会のためではなく自分のために働くようになると、自分のために働く部長を選ぶようになる。**部長は自分のために働く課長を選ぶようになる。この構図に入り込んでしまうと、もはや自浄作用は利かなくなっていきます。

こうなると、外部から圧力がかかるか、自壊するまで待たなければならない。例えば、大きなファンドが徹底的にプレッシャーをかけてくるとか。しかし、大企業に大きな資金を使ってプレッシャーをかけるのは、リスクもコストも高く、よほどのメリットがない限り、ファンドも動きません。そうなると、残念ながら、自壊していくのを待つしかない。最近のいくつかの日本の大企業のように、中で働く従業員は、沈んでいく船に気

理念を失ったカイシャの社員は、沈む船に気づかず我慢レースを続けていく。

づかないまま我慢レースを続ける。

これが今の日本の構図です。理念を失った大企業は、まだまだ日本にたくさんあるようです。それらのカイシャは、今後もどこかのタイミングで自壊していくでしょう。

カイシャが大量発生・大量解散する世界

とはいえ、なかなか一気に自壊しないのが、このモンスターのしぶといところです。独占市場を作って価格をコントロールしたり、規制を作って強い競合に参入されないようにしたりすると、当面、利益は上がるので、モンスターの口座は潤い続けます。やっぱり自壊のスピードは遅い。

これは社会のためにもならないし、そこで働く人々の幸福につながってこない。これは楽しくない。社会に不利益を与えているモンスターには厳しく対処すべきだと思います。私たちもこうした企業を見つけたら、声を上げていかなければなりません。

日本では、モンスター化したカイシャが、神のように扱われてしまっていると思います。A銀行というカイシャは、決して潰れてはいけない。もし潰れたら、日本が大混乱する。だから、生身の人間が多少犠牲になっても、A銀行を支えなければならない。そう思っている。

でも本当は、A銀行なんていう人はいない。潰れるといっても、粛々《しゅくしゅく》とカイシャを解散するだけで、別に誰が痛いわけでもない。法人という人がそこに実在するかのような錯覚を私たちは持ち、そして生身の人間がいることを忘れてしまう。**実体のないカイシャのために働き過ぎて、生身の人間が死んでしまう、ということまで起きている**のです。

また、そのカイシャが大きければ大きいほど、破綻したときに影響を受ける人数が多くなります。そこに恐れを抱く政治家や官僚は、モンスター化したカイシャを生き長らえさせるような政策を実行してしまいます。多くの人々の生活に影響を与えてしまうことが不安だから、イケてないカイシャであっても解散してはならない、と考えがちです。

どうすれば解決できるでしょうか。

一つのアイデアは、「人の流動性を高める」ことです。イケてないカイシャからイケてるカイシャに人が移っていけばいい。今働いているカイシャがなくなっても、次に働きたいカイシャが見つかれば、遠慮なく解散できるわけです。ある音楽バンドを解散しても、次に自分が活躍できるバンドが見つかるなら問題ない、という発想です。

先にお話ししたように、日本の多くの企業には、従業員を転職しづらくするための様々な仕組みが存在します。これらを禁止することができれば、人の流動性が高まり、モンスター化したカイシャからスムーズに他のカイシャへと人の移動が進むようになるでしょう。

世界的なイノベーションを生み出し続けるサンフランシスコ・ベイエリアでは、まさにカイシャの大量発生と大量解散が繰り返されています。新しい夢が生まれると、さっと人が集まってきて、チャレンジして、ダメならすぐに解散します。**素早い新陳代謝によって、若者からベテランまで生き生きと活躍する場所が作られ、世界を驚かせるアイデアが形になっていきます。日本の大企業で繰り広げられている我慢レースと比べると、大きな違いを感じます。**

今では、面白いアイデアを考えついた人が、クラウドファンディングなどの仕組みを使ってたくさんのお金を集められるようになっています。新しいビジネスにリスクをとって資金を提供するベンチャー・キャピタルも増えています。また、インターネットを使って、たくさんの仲間を集められるようにもなっています。人とお金をスピーディに集められる時代になれば、すぐに大きな仕事にチャレンジできますね！

そこで大事になってくるのは、やはり理念、夢、ビジョンです。**「協力したい」と思えるようなビジョンがあるかどうか。**今や小学生や中学生でも、人の心を動かすビジョンがあれば、その周りに共感したプロフェッショナルたちが集まって、いきなりメジャーリーグみたいなチームができる。そんな時代がやってきました。これからのカイシャは楽しくなりそうですね。

よく「日本の経営は長期志向だ」と言います。百年以上続いているカイシャの数は、日本が一番多いのだそうです。しかし、今の日本の大企業の経営者は、短期視点で経営しているように思えてなりません。自分の任期の間は問題が起きないように努め、長期的で本質的な改革は後回しです。

一方、シリコンバレーの経営者たちは、短期間で利益を上げようとしません。彼らは、イノベーションを起こし、長期で大きな利益を出すために、現状に甘んじることなくチャレンジします。彼らのほうが、はるかに長期視点で経営しているように感じます。

果たして日本のカイシャはこれからどうなっていくのでしょう。そして、私たちがもっと楽しく働ける時代は来るのでしょうか。

2

カイシャで楽しく働くためには、こう考えればいいかもしれない

第1章では、カイシャの構造的な問題についてお話ししました。とはいえ、私たちはこれからもそんなカイシャで働いていくことになるでしょう。私たちは、どのような考え方で、どのように行動していけば楽しく働けるようになるのか。第2章では、私たちが今日からできることを考えていきましょう。

代表のビジョンと自分のビジョンとの関係を考えよう

楽しく働くために最初に紹介したいコツは、代表のビジョンと自分のビジョンを重ねることです。カイシャという実体のないモンスターは意思を持ちません。生身の人間である代表の意思に従って進んでいくのですから、その人のビジョンと自分の夢が重なっていれば、楽しく働けそうです。

とはいえ、**カイシャの代表と社員が、一〇〇パーセント同じ理想を持っている、なんてことはありえません。** そんなことがあったら、むしろ気持ち悪いですよね。人はそれぞれ違うのです。ただ、一〇〇パーセントでなくとも、重ね合わせられる部分が見つかるのであれば、その重なった部分で楽しく働けるようになります。

カイシャの代表のビジョンと自分のビジョンを、
重ね合わせられるかどうか？

例えば、あなたが「ゆくゆくは外国語を使って海外でこんなビジネスをしたい」というビジョンを持っているとします。でも、カイシャの代表が「正直、グローバル展開には興味がない」と考えていたら、そのカイシャで仕事を楽しむことは難しくなります。当たり前の話ですね。でも、案外ここをおろそかにして日々働いてしまっている人が多いように感じます。

自分が持っている夢を叶えられる場所なのかどうか、これを確認することが大事です。このカイシャの代表が何をやりたがっていて、自分が何をやりたがっていて、そこに交点はあるのか、ということです。

これは、あなたがまず「自分の夢」を持

っていないといけない、ということでもあります。さて、あなたの夢はなんですか。**入社するときに持っていたはずの自分の夢、時間が経つとともに失っていませんか。**これからどのように働いていきたいと考えていますか。

カイシャの一員になるだけで、自分の夢が叶ったような気になることがあります。かつて、私自身がそうでした。

新卒で松下電工に入社した時点で、何かを達成した感覚がありました。自分は入りたかったカイシャに入社できたのだ。このままここで働いていたら、幸せな人生を歩めるだろうと、漠然と思っていました。

それまでの自分は、自分の夢がなんなのか、深く考えていませんでした。就職先を探すとき、大学の研究室の先生に「大きいカイシャに入りたいです。ないですか？」と聞いたら、「松下電工はどうや？」と言われたので、「いいですね」と、先生の勧めに従ってカイシャを選びました。大きくて有名だから、間違いなく自分にとっていいカイシャだろうと考えて選んだのです。誰が代表かも知りませんでしたし、ましてやその代表がどのようなビジョンを持っているか、など考えもしませんでした。

自分が本当にやりたいことと重ね合わせができるかどうか、まったく確認できないまま、入社してしまったことになります。

自分の夢がなかったから、「世間的に見ていいカイシャ」に入ることが自分の夢で、入社した時点でそれを達成してしまった。そして、代表の夢もわからないまま、漠然と働き続けた。

当然、ワクワクできない毎日を過ごすことになりました。働いているうちに、徐々に自分のやりたいことが見えてきました。そこで初めて、このカイシャの代表のことを意識しました。そして、自分の夢をカイシャのビジョンとうまく重ね合わせることが難しいことに気づき、起業しました。

起業した後、半年間は給料を一円ももらいませんでしたが、我慢レースから降りて、気持ち良く働ける場所を得ました。


自分の夢を、カイシャのビジョンと重ね合わせられるか。そのために、自分の夢が一体なんなのかを探求できるか。

この重ね合わせる作業は、カイシャに入った後も延々と続きます。そのカイシャの代表の思いも、自分の思いも、年月とともに変わっていきます。その思いの部分を重ね合わせられているか。カイシャの代表の思いと自分の思い、この二つがしっかり重なっていると、仕事が楽しくなる。これが基本です。

ビジョンの重ね合わせ方は人それぞれ

それでは、ビジョンの重ね合わせができているかどうかは、どうやって確認すればいいのでしょう?

仕事を楽しめている人ほど、その確認作業を怠《おこた》っていないと思います。

サイボウズでは、年に一度、本部長が集まって合宿をします。そこである本部長が、自分のポジションチェンジについて私に提案してきました。

彼は、「自分の部下であるメンバーが育ってきているので、自分がやっていた仕事は、今後、彼らに任せていきます」と言いました。「だから、自分は、また別の仕事でカイシャのビジョンに貢献します。例えばこんなことにチャレンジしたいと思うのですが、どうですか」と提案してきました。

彼は技術部門の重責を担うメンバーで、世界のトップ企業と勝負できるクラウドサービスのインフラを作る夢を持っていました。そこに共感するメンバーが集まってきて、徐々に強いチームができてきて、自分が開発したいと思っていたクラウドサービスの大部分を任せられるようになってきた。だから今後は、別のことをやりたいということでした。

このままだったら、おそらくマンネリ化するし、技術的に優秀なメンバーが増えてきたので、自分が活躍している実感も減っていくだろう。それは仕事を楽しめないことにつながる。だったら、今までの経験を生かして、自分は違う仕事にシフトしたほうがいい、と考えた。

彼は常にビジョンの重ね合わせを意識しているのだと感じています。また彼は、私の理想が何かをよく観察し、深く理解していますから、自分のやりたいことを私の理想にうまく重ねてくる。**だからモチベーションが安定して高い**のです。

サイボウズのオウンドメディア（自社による情報発信サイト）である『サイボウズ式』

カイシャの代表の思いと自分の思いが重なっていると、仕事が楽しくなる。

も、ビジョンの重ね合わせによって生まれました。

あるとき、何人かのメンバーが私のところに相談に来て、「オウンドメディアを始めたい」と言いました。当時、私はオウンドメディアがどんなものか知らなかったので、何をやりたいのか、何をやろうとしているのか、ほぼ理解できませんでした。

ただ、「チームワークあふれる社会を創る」というカイシャのビジョンについて共感し、そこに自分たちのやりたいことを重ねていることは伝わってきました。そこで、その取り組みにゴーサインを出し、『サイボウズ式』というメディアがスタートしました。今では私たちのブランド認知を広げ、予想以上の成果につながっています。

代表が知らなかった事業領域であったとしても、代表のビジョンと自分の夢を重ねていくこともできます。ビジョンを重ね合わせることは、仕事を楽しむための重要なポイントです。

給料以外の「報酬」に目を向けてみる

第1章で詳しく説明したように、モンスターには代理人がいて、この代理人の考えに

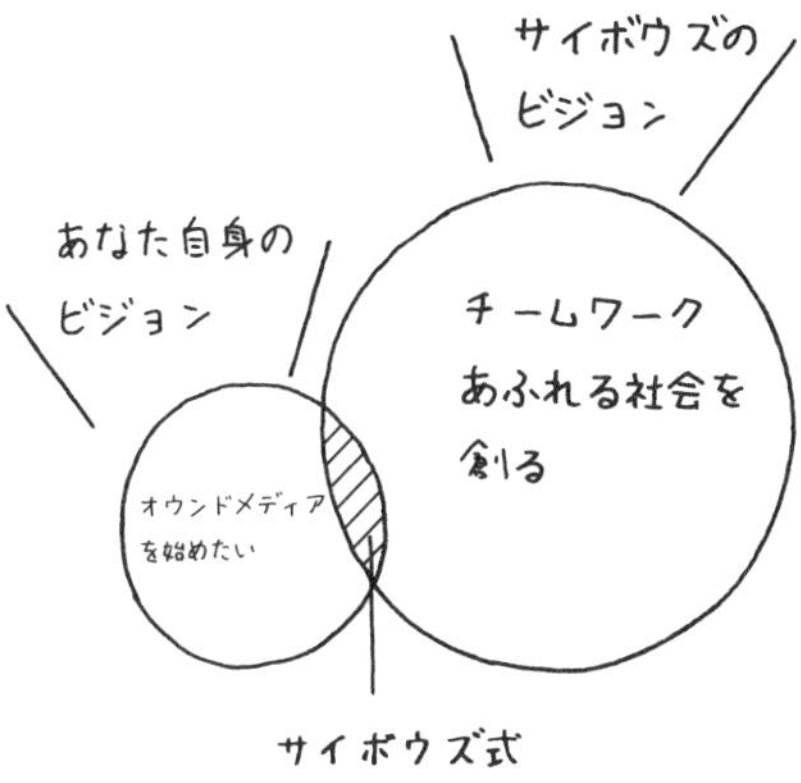

ビジョンの重ね合わせによって生まれた新事業＝
『サイボウズ式』というオウンドメディア。

沿って仕事をしていきます。そのとき、**あなたが仕事をして得られる「報酬」は、じつはたくさんある**ことを知っておくとよいでしょう。**この報酬こそが、自分が楽しく働く源泉になるからです。**

一番わかりやすい報酬は給料です。後は福利厚生でしょうか。給料をいくらもらえるかとか、年間で何日休めるかとか。

けれど、**一人ひとりにとって、「得ることがうれしい」ものをすべて報酬であると定義するならば、他にもたくさんの種類の報酬があることに気づきます。**例えば「気持ち良く働ける仲間」も、大きな報酬です。一緒に働く仲間たちのことを信頼でき、一生付き合いたい友人になるのなら、どれだけ毎日を幸せに過ごせることでしょう。

よく「カイシャは給料を稼ぐ場所。楽しくなくて当たり前」と言う人がいますが、給料以外にも様々な報酬があるのです。

もし、職場がテーマパーク並みに楽しいのなら、ディズニーランドに行ってお金をもらえるような話です。一挙両得です。逆に、お金はたくさんもらえるけれど、すごくストレスフルなところに毎日出向いて行かなければいけないとなったら、日々のストレスに耐えることに加えて、ストレスを解消するために時間とお金を使わなければいけません。

それ以外にも、様々な種類の報酬があります。

人脈が広がる、ということも一つの報酬です。この組織で仕事をしていると、自分の知らなかったいろんな人にいっぱい会えて、それが自分にとってとてもうれしく、お金を払ってでもそんな人脈が欲しい。そう思える仕事だとしたら、これも大きな報酬だと言えるでしょう。

仕事の内容も一つの報酬でしょう。例えばその職場では、いつも新しい技術に触れることができて、技術を学ぶこと自体も楽しいし、新しいスキルが身につけば、自分の価値を高めることができる。そんな報酬もあるでしょう。

自由に「副業」させてくれる、という報酬もあるでしょう。自分にはカイシャの企業理念とは別の夢があって、そちらの夢も併せて叶えられるとするならば、人生を二倍楽しめることになります。

働く「環境」も一つの報酬です。例えばサイボウズでは、全社員にできるだけ高性能のパソコンを使っていただいています。先日、その性能が良過ぎるとネットで話題になりました。在宅勤務をしたい人には、別途ノートパソコンを配布しています。快適に仕事ができる環境は、ストレスを減らす重要な要素です。

自分がカイシャで得たい報酬は何なのか。お金以外の報酬に目を向けることができれば、楽しく働けるカイシャを選びやすくなるでしょう。だから、自分の夢をもっと意識して、細かく分析してみてほしいのです。

給料の金額が大きくても、その職場だけで通用するスキルしか身につかないのであれば、給料以外の報酬は少ない、ということになります。

我慢レースを耐え抜かなければいけないカイシャは、給料の額面だけは大きいように

見えるけれど、じつは他の報酬は少ないのです。

カイシャの我慢レースが怖いのは、いったんそこに入ってしまうと、なかなか抜けられない、ということです。年功序列のように、早く抜けると損をする仕組みが入っているからです。

スキルについても似たところがあります。そのカイシャの中でしか通用しないスキルを身につけさせられ、それを受け入れた人だけが昇進していく仕組みになっているカイシャも多いようです。

そのカイシャの独自スキルしか身についていないと、そこを抜けた途端、「そのスキルは、ここでは通用しません」と言われて「何もできない人」になってしまいます。

これからの時代は、七十歳、八十歳まで働いていくことが珍しくない社会になるでしょう。ところが、日本の大企業では、五十歳から五十五歳にかけて役職定年になったり、子ガイシャへ出向させられたり。六十歳か六十五歳になったら定年退職で解雇される。

我慢レースに入ってしまうと、これからの人生百年時代を生き抜いていくことは難しくなるでしょう。もし、そのカイシャで上級職についている人が、他のカイシャを経験していない生え抜きの人ばかりだったら、我慢レースを強要しているカイシャなのかもしれません。

だから、「このカイシャは違うな」と思ったら、早く辞めたほうがいいと思います。

自分が楽しく働くために、まず「カイシャ、楽しいですか？」と聞く

もし、いまあなたがカイシャを辞めようかどうしようか迷っている、あるいはあるカイシャに入ろうかどうか思案しているのであれば、そこで働いている人に対して質問をしてみるといいでしょう。「カイシャは楽しいですか？」というシンプルな質問です。

カイシャは楽しいですかと聞かれて、即座に「楽しい」と答えて、その理由をスラスラと言えるのなら、その人は心から仕事を楽しめているのでしょう。日頃から自分の夢とカイシャのビジョンを重ね合わせて、十分な報酬を得ながら働けているのだと思います。

しかし、その人が「カイシャは楽しむところじゃない」とか、もしくは自分の楽しさのことを話さず、カイシャの業績や戦略のことばかりを話していたら、カイシャを楽し

めているかどうか怪しいと感じます。そして、我慢レースを走らされているのではないかと推測します。

自分の人生ではなく、カイシャというモンスターの小間使いとしての人生を歩んでいるように感じるのです。**実体のないモンスターに自分の人生を投影し、本当に自分が生きたい人生から目を背け、思考を停止したまま過ごしている**気がします。

うちのカイシャはこんなに伝統があるんだ、とか、グローバルでこれくらい事業を展開しているんだ、とか、今年はこれくらい利益が出たんだ、とか。これらはすべてカイシャというモンスターに関する話です。生身の人間の話ではありません。

一人の人間として、好きな仕事ができている。自分の心を満たすための報酬を得ている。一度きりの人生を思い切り楽しむために、カイシャを選択し、そして実際に楽しめているかどうか。あなたがカイシャを楽しみたいと考えるのであれば、そこで働く人たちがどのような気持ちでいるのか、どんどん聞いてみてはいかがでしょうか。

ワクワクして働くための思考法「モチベーション創造メソッド」

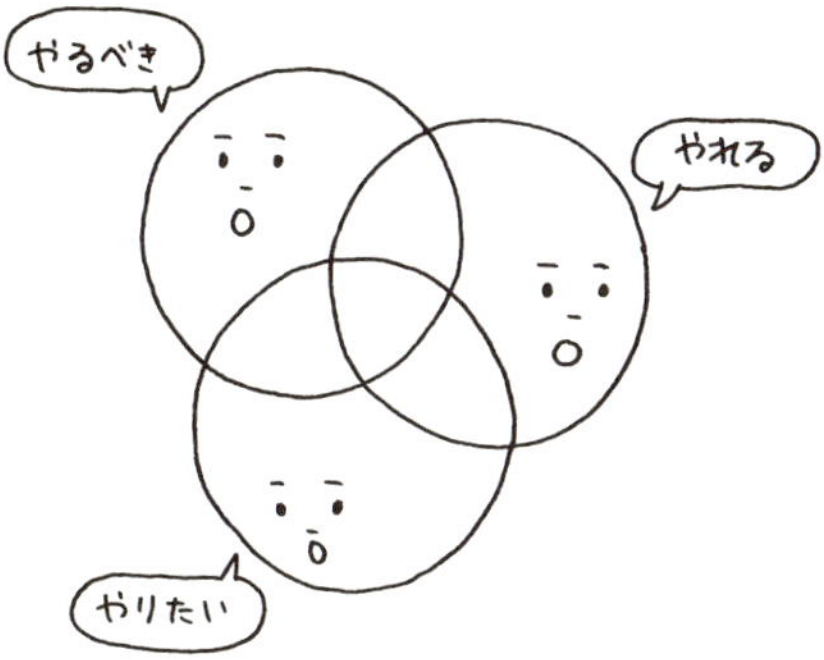

「やりたい」「やれる」「やるべき」が重なれば、ワクワクして働ける。

ここまで、おもに「どういったカイシャだったら、楽しく働けるのか」という話をしてきました。

ただ、いざカイシャに入っても、どんな上司の下につくかわからないし、自分のやりたい仕事をやらせてもらえるかどうかもわかりません。

ならば、あなた自身が「楽しく働き続ける」にはどういう思考をすればいいのでしょうか。

その思考法を、サイボウズでは「モチベーション創造メソッド」と呼んでいます。

モチベーションが高い、ということは、言い換えれば「ワクワクして仕事に取り組めている」ということになります。

モチベーションが高い状態とは、「やりたい」「やれる」「やるべき」という三つの条件が重なっている、と定義しています。逆に、モチベーションが低いのは、この三条件のどれかが成立していないから、と考えます。

例えば、技術が好きなエンジニアがカイシャに新卒で入ってきたとします。入社当初は、自分自身でプログラミングをして、「やりたい」仕事ができていました。ところが、彼はだんだんと管理職としての仕事を任されるようになり、気がつけば毎日エクセルのシートを開いて、プロジェクト管理や原価計算をするのが中心になってしまいました。年功序列の大企業ではよくあることですね。「やりたい」仕事でないのであれば、モチベーションは下がります。

また、人は「やれる」と思っていないことを楽しめるようにはできていません。この仕事は自分に向いていない、と思いながら働いても楽しめないし、結果も出にくい。結果が出ないと、やはり楽しめないという悪循環に陥ってしまいます。逆に、自分の得意分野だと思っていて、自分のスキル向上によって乗り越えられると信じているときは、モチベーション高く取り組むことができます

「やるべき」というのは、周囲から期待されているかどうかです。「やりたい」し、「や

れる」んだけど、周りから期待されないことをやっても、残念ながら感謝されることがない。そうすると評価されないし、結局のところ、本人のモチベーションが下がることにつながります。逆に、周囲から期待されている仕事で、やれば褒められるし、感謝されるし、評価されるのであれば、モチベーションは高くなります。

この三つの円を意識して重ねていくのが、「モチベーション創造メソッド」ということになります。

楽しく働いている人は「三つの○」をうまく使っている

もう少し、この三つの円について説明します。

三つの円は、いつも動いています。

「やりたい」のポイントは「変化する」ということです。いろいろなことを経験するうちに違う分野にも興味が湧いて、「やりたい」対象がシフトしていくのはよくあることです。

だから、楽しく働こうと思ったら、自問自答を繰り返し、自分の「やりたい」を把握し続ける必要があります。答えは自分の中にしかありません。私も未だに自問自答を続けています。

「やれる」のポイントは、「拡大可能」だということです。スキルがないうちは「やれる」ことは限られていて、誰かの仕事を真似して同じようにこなすのが精一杯かもしれません。しかし、何度も繰り返しているうちにコツを掴み、より速く、より上手にできるようになる。自分で新しいアイデアを生み出し、今までとは違うやり方を編み出せるようになるかもしれません。

「やれる」を拡大すれば、三つの円を重ねやすくなります。

とはいえ、自分でできることには限界があります。今までの日本企業であれば、長時間労働や気合と根性で乗り切るのが美徳とされていたかもしれません。しかし、**これからの時代は、素直に「人のスキルを借りる」のがよい**と思います。自分がすべてのスキルを身につけようと努力するのは時間の無駄です。

例えば、顧客への対応が苦手なら、それができる人と組めばいいのです。わざわざ苦手な顧客対応を自分でやる必然性はありません。

人は、誰しも得意なことと不得意なことがあって、得意なことで人に貢献できればうれしいですし、手伝ってもらって感謝の気持ちを持つことも、これまた幸福感を伴います。インターネットによって、近くにいない人であっても、スキルを借りることができるようになりました。シェアリングエコノミー時代らしいやり方だと思います。私も日々、他の人のスキルを借りています。みなさんも、ぜひ借りましょう。

「人のスキルを借りる」ために大事なのが、「頼むスキル」です。

「頼むスキル」の高い人は、まず、自分に何ができて、何ができないかを認識しています。そして、誰に頼むのがよいかを考え、場合によっては新しい人脈を切り開いてでも、できる人を見つけ出します。

ただし、単純にお願いしても、やってくれるわけではありません。相手のモチベーションを上げることができなければ、手伝ってはもらえません。

そこでまた登場するのが「モチベーション創造メソッド」です。**相手の「やりたい」ことを理解し、相手が「やるべき」ことだと感じてもらえるように、周りの環境を整えていきます。**今度は、自分の夢に、頼みたい相手の夢を重ねていくのです。

例えば、新しいインターネット・サービスを開発したいが人手が足りない、とします。

そのとき、手伝ってほしい相手の「やりたい」ことが新しい技術を学ぶことであれば、そこにつながるように、仕事をお願いする。相手に「やるべき」ことだと感じてもらえるように、仕事の意義や報酬を伝えていく。

「頼むスキル」は、こうしたコミュニケーション・スキルが基本になると考えています。アップルの創業者スティーブ・ジョブズは、ビジョンを魅力的な言葉にすることが得意でした。ジョブズ自身はモノづくりが得意だったわけではありませんが、ワクワクする夢を語る力は、他人の「やりたい」と「やるべき」を引き出し、人のスキルを借りて大きな仕事を成し遂げる力になるのです。

「やるべき」を選ぶ覚悟がなければ、ワクワク感は減少する

「やるべき」の難しいところは、周囲からのどの期待にどれだけ応えるか、という選択を迫られることです。

例えば、カイシャでは絶体絶命のプロジェクトがあり、すぐにでもあなたがフルコミ

ットで参加することを期待されている、とします。ところが、家庭では妻がもうすぐ出産予定で、育児休暇の取得や、その後の家事・育児を期待されているとします。

どちらの仕事も、周囲からは十分に期待されており、「やるべき」という条件は揃っていますが、両方完璧にこなすことはできません。すると、選択しなければならなくなります。

選択するということは、世の中は完全に思い通りになるわけではないことを受け入れ、その中で自分の意思決定を行い、そしてその責任を取っていくということです。

これをサイボウズ社内では「覚悟」と表現しています。**自分の意思によって、何かを選択し、その結果を受け入れる覚悟をする**、という意味です。

もし、覚悟を決めないまま、仕事を始めたらどうなるでしょうか。「家事・育児があるのに、こんなに働かせられるなんて」とか、「仕事が忙しいのに、家事・育児もやらないといけないなんて」とか、ワクワク感のないままに働く姿が想像できますね。

「覚悟」とは、なんでもかんでも無理して受けるということではありません。「今週はやりますが、来週からはペースを落とします」「体力的に、今は受けられません」。そうやって、**「やるべき」仕事の中から「やりたい」と「やれる」の交点を探して、選択する。そして、その選択は、自分の意思によって決めたのだと覚悟する。**

無理難題を言われたときは、はっきりと断るのが覚悟ある姿勢だと思います。そういうときは、単に「できません」と言うのではなく、「今日これをするのは無理ですけど、明後日まででしたらここまでできます」という提案をしてみる。そうしたら、「明後日までにそれができるならいいよ」という話になるかもしれません。

仕事を楽しくやり続けている人は、世の中に無限に存在する「やるべき」仕事の中から、覚悟を持って選択している人だと思います。

この「思考の習慣」があれば、カイシャはもっと楽しめる

カイシャで働いていると、納得のいかない仕事を任されることがあります。

例えば、プログラムの開発者を考えてみます。新しく実装することになっている機能A、機能B、機能Cがあって、機能Aの実装を頼まれたとしましょう。ところが、その

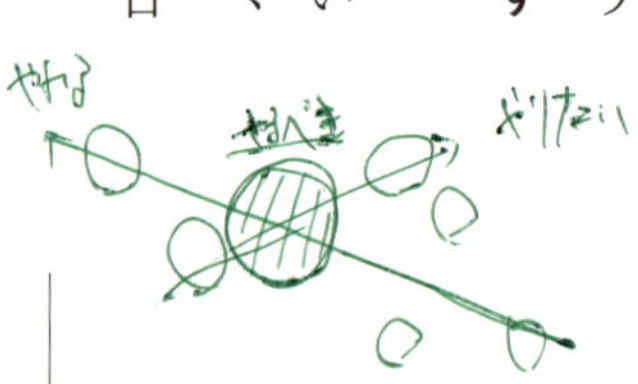

機能の必然性について納得がいかない。「この機能は本当に必要なのだろうか」「もっと他の方法があると思うのだが」とか、様々な思いが湧いてきます。

SNSなどで「こんな無意味な仕事をやらされてムカつく」と愚痴をつぶやくのも、ガス抜きとしてはいいかもしれません。だからといって、そんなことを続けていても、仕事を楽しめるようにはなりません。

こういうとき、なぜ自分が納得していないのか、深く考えてみることが大切です。**モチベーションが上がっていないということは、「やりたい」「やれる」「やるべき」の三つのうち、どれかが欠けているはずです。**

例えば、機能Aが必要であるという背景についての情報が不足しているために「やるべき」と思えない、とか、じつは心の中で機能Bの方を作りたいとずっと思っていて

「やるべき」ことから覚悟を持って選択すれば、仕事を楽しく続けられる。

「やりたい」気持ちが湧いてこない、とか。

原因がわかれば、後は対処するだけ。そうすれば、今の仕事をもっと楽しく引き受けられるかもしれないし、覚悟を持って別の仕事を選択していくことにつながるかもしれません。カイシャはチームで仕事をやっていますから、他の人と仕事を交換してもらうだけで解決する場合もあります。

それなのに、**カイシャで働いていると、「言われた通りにやらないといけない」と思い込みがちです。**特に日本人は「決まったルールは守らないといけない」、「先生が出した宿題はやってくるのが当たり前」と、自分の意思を大事にしない傾向が強いようです。

その状況を楽しめていたらいいのですが、楽しめていないのであれば問題です。楽しく働きたいのであれば、常に仕事を整理する、考える。こうした思考の習慣をつけることで、改善できるはずです。

「モチベーション創造メソッド」は、思考の習慣を身につけるための定石となるフレームワークです。**自分がやりたいと思っている仕事ができないなんて、どのカイシャでもよくある話です。**頭を使って工夫すれば、自らモチベーションを創り出せるのです。

どういう形でやれば喜んでもらえるか交渉しよう

「モチベーション創造メソッド」は、カイシャ以外の場所でも使えます。以前、『ちょいデキ！』（文春新書）という本に書いたエピソードを紹介します。

私が中学校に入学したときの話です。

国語の教師が「これから毎日、ノートに半ページ分、漢字を書いてきなさい」と言いました。中学校一年で習う漢字を数えてみたら、三〇〇個あまりもありました。これは多いです。教師としては、なんとか生徒に覚えさせたくて、厳しい宿題を出したのでしょう。

ただし、それは私の「やりたい」ことではありません。私は漢字を覚えたいとは思いましたが、毎日半ページも書きたくなかったし、それを続けられるとも思えませんでした。

それでどうしたか？

三〇〇個あまりですから、一日に一文字ずつ覚えれば、一年未満で全部覚えられる計算になります。だから、毎日一文字ずつ確実に覚えていくことにしました。

それらの漢字の中には、すでに知っている漢字もありますから、日によっては三文字だけ書けば十分の日もある。逆に、まだ書いたことのない漢字のときは、一〇文字以上書く。とにかく、毎日一個ずつ覚えていきました。

ところが、国語の教師は、ある日、私のノートを見て激怒しました。私が反抗的にやっていると思ったのでしょう。見せしめのために、私のノートを黒板に貼り出しました。

教師がやりたいことは「生徒に漢字を覚えてもらうこと」、私がやりたいことは「漢字を覚えること。ただし、毎日半ページも書きたくない」です。その構造を理解し、円を重ねて新しい技を編み出したつもりでしたが、教師の大きな反感を買い、周囲の笑い者になってしまいました。

この話は続きます。私は、自分の説明が足りなかったのだと思い、教師を説得しにかかります。「今年習う漢字を数えたら、三〇〇個あまりあることがわかりました。毎日、一個ずつ覚えれば、年度末には確実に終わります。私は集中力を持って学びたいので、このやり方で学習を続けたいのです」。そう説明すると、怒りから覚めて冷静になった教師は納得し、私はその後も自分のやり方を続けることができました。

「教師が言うことはやらなければならない」と生徒は思い込みがちですが、決してそんなことはありません。生徒と教師であっても、あるいは、カイシャの上司と部下であっても、お互いがウィン—ウィンになるように、二人の円を重ねることはできるはずです。**複数の人がいれば、必ず複数のビジョンやモチベーションが存在します。**お互いに楽しく過ごしたいと思えば、交渉が生じるのは極めて自然な状態です。

モチベーションが湧いていないのにやるなんて、もったいない話です。人生は一回きりです。ストレスがたまって、ストレス発散のために別の時間を使わないといけなくなる。二重にも三重にももったいない。

お互いにウィン—ウィンになる交点を探す。**ウィン—ルーズ、ルーズ—ウィン、その**

交渉とは、じつはとてもクリエイティブな瞬間です。

関係になってしまうところを、深く思考して、そして交渉して二人とも得する形に持っていく。日本人は、交渉することを「衝突」とネガティブに捉えがちですが、じつはとてもクリエイティブな瞬間で、これこそが仕事の醍醐味とも言えるのです。

交渉を効率よく進めるための「コンセプト」というフレームワーク

仕事の交渉をするときにもコツがあります。交渉に使う時間はできるだけ少なくしたいし、感情的になってしまったら進む話も進まなくなります。互いの考えを効率よく伝え合い、理解し合い、双方が納得のいく形を模索していくには、どのような工夫ができるでしょうか。

サイボウズで使っている「コンセプト」というフレームワークをお勧めしたいと思います。**コンセプトとは、「誰に何と言わせたいのか」という定義になります。**要素は二つです。「誰」と「何」。この二つを埋めることで、自分が何を目指しているのか、シン

「誰に何と言わせたいのか」がコンセプト。
仕事で納得がいかないことがあったら、コンセプトを確認してみる。

プルに表現できます。

仕事を頼んだ上司も、コンセプトをあまり深く考えず、なんとなく「これ、やっといて」と頼むこともあるでしょう。だから、納得がいかないときには、まず上司が考えているコンセプトを確認してみる。上司は「誰に何と言わせたい」と考えて、私に仕事を任せたのか、ということです。

もし、コンセプトが満たされるのであれば、必ずしも上司が指示したやり方でやる必要はないし、もっと言うと、必ずしも私がやる必要はないわけです。

先ほどの漢字の宿題の例で言えば、私のコンセプトは「私が漢字を全部覚えた、と言える状態になること」であり、教師のコンセプトは「生徒が漢字を全部覚えた、と言える状態になること」ですね。コンセプトを確認できれば、手段は選べるようになります。

相手はどんなコンセプトを望んでいるのか。自分はどんなコンセプトを望んでいるのか。その両方を満たすための手段を考える。これが交渉の基本です。

カイシャで働いていると、「今日中にやってほしい」などと頼まれることもしばしばあります。そこまで急ぐのは、なにか理由があるのでしょう。ですから、「今日中にやる」という手段に行き着いた背景にあるコンセプトを聞いてみるとよいでしょう。

もし、「担当顧客に、『対応が早くて信頼できる』と言われたい」というコンセプトがあるとしたら、必ずしも今日中に全部やり切らなくても、対応の素早さを感じてもらえる方法があるかもしれませんし、また、別の手段で信頼を勝ち取る手段も見つかるかもしれません。

コンセプトは、目的を表現するフレームワークであり、手段よりも上位の概念です。**手段を選べないと、モチベーションが湧かない確率が高まってしまいます。**お互いのコンセプトを確認し、交点を探していく交渉自体もまた楽しい仕事です。交渉で楽しい。結果も楽しい。二度、美味しい状況を目指したいですね。

交渉上手がクリエイティブな活動を生む

交渉が上手な人は、ポイントを押さえています。先ほど紹介したように、相手のコンセプトをよく理解している。そして、そこにかぶせるように提案できる。

さらに、交渉における姿勢についても重要です。

まずは誠実に。ときどき喧嘩《けんか》腰で交渉してくる人がいますが、今どき流行りませんね。声を荒らげて汚い言葉で罵ったりしたら、録音されてネットで公開される時代です。どんな相手と交渉するときも、落ち着いて丁寧に話し合いたいものです。礼儀正しく接すれば、相手も無下《むげ》に断りづらくなりますから、ある意味で、交渉を有利に進める戦略でもあります。

そして、自分が変化する覚悟を持つことも大事です。自分の意見を頑として譲らない姿勢を見せれば、交点となる落としどころを探るという、クリエイティブな活動ができなくなります。相手も「この人は、自分の意見を譲らない人だ」と思うと、態度を硬化させるでしょう。「この人は柔軟で、こちらの意見に合わせて変化してくれる」と思えば、交点を探してくれるでしょう。**自分の意見を変化させ、最初は思いもよらなかった落としどころが見つかるような瞬間こそ、交渉の面白さと言える**のではないでしょうか。

「働き方改革」ブームもあって、最近、私のところには講演依頼をたくさんいただきます。しかし、私は普段はソフトウェア企業の代表を務めており、できるだけそこに時間を使いたいと思っていますから、講演依頼の多くはお断りしています。

ところが、上手に交渉してくる方がいらっしゃいます。「講演の後で、御社の見込み客をご紹介します」とか「講演に加え、知事との対談はいかがでしょうか」とか「講演の内容は、青野さんが今お話ししたいことを豊富に入れていただいて結構です」とか。私が講演活動で望んでいるコンセプトをよく考えておられると、交点を探す方向で話は進んでいきます。

交渉や議論ができるようになると、相手の理想を確認し、そこに自分の理想を重ねていけるようになります。そうなれば、相手も楽しいし、自分も楽しくなる。**交渉力は、楽しく働くためにとても大切なスキルだ**と思っています。

カイシャの夢が見えないときに考えるべき、三つの選択肢

誰でも、カイシャに入るときは何かしらの理由があったと思います。

カイシャが掲げるビジョンに共感し、自分が活躍できる場所があると思って入社してみた。けれども、しだいに自分の理想とのギャップを感じるようになったり、あるいはカイシャのビジョンにだんだん共感できなくなったりしていくこともあるでしょう。カイシャで働いていると、よく起きることです。

例えば、ある食品ガイシャが掲げる「美味しい食べ物を世界に広げよう」というビジョンに惹かれて入社してみたら、「あれ？　事業は日本国内ばかりで、世界に広げようとしてないぞ」とか、「そもそもたいして美味しいものを作ってないぞ」ということだってあります。ビジョンは壮大だけれども、実際に現場でやっていることは目先の目標を追うことばかりで、自分が思っていた理想とはずいぶん違うこともある。

カイシャに違和感を覚えるようになったときこそ、試練の瞬間です。あなたがこの後も楽しく働けるかどうか、試されるときです。

そのまま流されるもよし、あがくもよし。どちらに行きますか？

論理的に考えると、大きく三つの選択肢しかありません。カイシャの夢に自分の夢を重ねるか、自分の夢に合うビジョンを持つカイシャに転職するか、自分の夢を実現する場所を新しく作るか。

「カイシャの夢に自分の夢を重ねる」というのは、言い換えると「カイシャというモンスターを動かせる子飼いの代理人＝経営者と夢を重ねる」ということになります。カイシャには実体がありませんから、カイシャの代理人をしている経営者の夢と重ねることになります。その人を信頼し、未来も自分の夢を重ねていけると信じるのであれば、現状を受け入れて残ればよいと思います。もし、夢を重ねるために、経営者との交渉が必要であれば、覚悟を持って臨みたいものです。交渉がうまくいかなければ、他の選択肢を取ればいいのです。

夢を重ねるのが難しそうであれば、転職はよい選択だと思います。世の中には非常に多くのカイシャがあります。日本だけでも一〇〇万社以上もカイシャがあるそうです。今は、ネットの普及もあって、カイシャの業績から評判、代表の言葉、社員の意見、元社員の意見など、得られる情報は豊富になってきました。今のカイシャに入社したときよりも、多くの情報をもって見極められます。すべてのカイシャがあなたを受け入れてくれるわけではありませんが、あなたに合ったカイシャを見つけやすくなっているはずです。

転職までいかなくても、**「異動」という手段で、カイシャの夢と自分の夢を重ねる方法もあります**。異動すれば、上司も仕事も変わります。上司によって期待される「やるべき」も違うし、仕事が変われば「やりたい」の合致度も変わってきます。サイボウズの中でも、日常的に異動が発生しています。自分が楽しめる場所はどこにあるのか。積極的に訴えていくことも大切だと思います。

それでも、自分が楽しく働ける場所が見つからなかったら、新しくカイシャを立ち上げるのも一つの手です。今は、昔と比べるとずいぶん楽に起業できる時代になっています。人も、お金も、ツールも、ネットで比較的手軽に調達でき、そしてそれらのサービスは日々進化しています。

どの選択肢を取るにしても、自分で選択して、自分で責任を取る覚悟が大事です。他人のせいにしているうちは、主体性から生まれる楽しさを享受できません。自分で選び、自分で責任を取る。そうやってあがくのは大変ですが、自分の意思で人生を切り開くのは楽しいですよ。一度きりの人生ですから、悔いが残らないように自分らしい人生を歩みたいものです。

楽しいカイシャに変えるために、仲間を増やす

よくこういう相談を受けます。

「私はこのカイシャを変えたいと思っています。経営者とは何度も話してきたのですが、わかってもらえません」

これもカイシャではよくあることです。古い考え方の経営者に変化してもらうのは大変です。もしカイシャの業績が大きく傾いていて、経営者に危機感があればよいのですが、それなりに利益が出ていたりすると、経営者からすると「なぜ自分が変わらないといけないんだ」となってしまいます。

内圧、外圧と言いますが、経営者は外圧に弱く、内圧に強いと言えるかもしれません。社会の風評は気にするが、社員の風評はあまり気にしない人が多いようです。経営者は人事権を持っていますから、「給料を払ってるんだから、社員は黙って働け。さもなくば人事権を発動するぞ」と、社員を下に見ているのかもしれません。

こういうときには、他の社員と団結して交渉するという方法があります。代表も、一社員の意見であれば無視できるかもしれませんが、それが何人も同じことを考えているとなると、見過ごせない意見になっていきます。数は力ですね。

日本では最近、人手不足が大きな社会問題になっています。労働人口が減少していますから、人を採用するのが難しくなっています。もし、活躍している社員が辞めてしま

自分で選び、責任を取る。自分の意思で人生を切り開くのは楽しい。

ったら、それは経営的に大きなダメージになります。一人ならまだしも、二人、三人と辞めるようなことになれば、さらに重要な経営課題となります。

こういった状況がありますから、他の社員と組んで、複数人で交渉に当たるのは有効な手段です。**一人でできないことは、チームを組んでやる。**自分が楽しく働ける職場を作るには、一人だけで奮闘する必要はないのです。

共感できる人を見つけ、相手にも見つけてもらえる簡単な方法

ところで、自分が共感できる人を、どうやって見つければよいのでしょう?

普通にカイシャで働いていると、つながることができるのは、仕事で接点のある人に限られます。同じカイシャで働いていたとしても、普段接点のない部門の人が何を考えているのか、なかなかわからないものです。特に大企業に勤めていると、組織が縦割りになっていてよくわかりません。

そんなときは「自分から発信する」ことを心がけましょう。**情報は「発信するところ**

に集まる」という性質があります。 発信するからコメントをつけてもらえますし、発信するから「いいね」ボタンを押してもらえます。たくさんの情報を集めている人は、たいていたくさんの情報を発信しています。社内にも社外にも発信しまくる。そうしたら、誰かに声をかけてもらえるかもしれません。

情報発信が簡単にできる社会になりました。ブログにツイッターにフェイスブック、様々な手段を使って情報を発信できる時代です。社内でも、グループウェアやチャットツールのように、社員同士が気軽に情報交換できる環境を整えたカイシャが増えてきました。

逆に自分から発信しないと、なかなか見つけてもらえません。これだけ情報があふれている社会において、何も言わなくても誰かがわかってくれるということは期待できません。**情報を発信することは、共感する人を呼んでくるための基本戦略です。** 意外に、若い人でもネットでの情報発信をやらない人が多いようです。共感できる仲間を探したいのであれば、ぜひ活用していただきたいと思います。

また、「ミートアップ」と呼ばれるリアルなイベントも増えてきました。自分に近い興味や問題意識を持つ人たちが集まり、情報交換をする場です。カイシャの中よりも、自分と夢を重ね合わせやすい人たちが集まっているかもしれません。

ミートアップを自分で開催するという手もあります。自ら企画して開催することで、自分の好きなように人脈を広げられるだけではなく、イベントを企画して運営するスキルも高まります。サイボウズでも毎日のようにミートアップが開催され、社員同士だったり、社外の人を巻き込んだり、情報交換と人脈形成が進んでいます。

「探して伝える」ことの大事さを改めて教えてくれたのが、佐藤仙務《ひさむ》さんです。彼は愛知県の東海市に住んでいるのですが、重度の障害を持っており、自分の力だけでは移動することができません。

佐藤さんは、仙拓《せんたく》というカイシャを起業し、個性的な名刺の制作やシステム運用のアウトソーシングなどの事業に取り組んでいます。数年前まで私は彼のことを知らなかったのですが、彼がネットで私を見つけて興味を持ち、積極的に話しかけてくれたことでご縁が始まります。

「私は重度障害者なのですが、私の本を読んでもらえませんか」。SNSを通じて彼は私に話しかけてきました。本当に障害者なのかどうかもわかりませんから、最初は戸惑いました。ただ、本を読むだけならと思い、「いいですよ」と軽く返事をし、数日後、本が届きました。読み始めたら、彼の高い志と優しさにボロ泣きです。それがいいご縁になり、今ではお互いに連携しながら活動しています。ちなみに、私の名刺は仙拓で作っていただいており、ユニークなデザインの名刺は大変好評です。

インターネットを使えば、移動できなくても世界中の人たちとつながることができます。**今、周りに共感できる人がいなくても、諦める必要はまったくありません。**世界はとてつもなく広く、つながっているのです。これを使わない手はありません。

しかし、残念なことに、社員のＳＮＳでの発信を禁止しているカイシャもまだまだ多いようです。「事業ではソーシャルマーケティングをするけれども、社員のＳＮＳは禁止」。そういう笑い話のようなことが普通にあるカイシャは避けた方がよいかもしれませんね。

「複業」で埋没しないスキルを手に入れよう

さて、カイシャの内外に向けて情報発信をするにしても、適当につぶやいているだけでは、この広いインターネットの膨大な情報の中に埋もれてしまいます。

人に見つけてもらうための一つのキーワードは、「ユニークさ」。

あなたが発信する情報がユニークであれば、その新鮮さによって誰かの関心を引けるかもしれません。逆に有用な情報であったとしても、ユニークさがなければ、「それはよく聞く話だし、特に興味は湧かない」と注目してもらえないでしょう。

第3章でさらに詳しく述べますが、今、日本では「量から質」の時代へと転換が進んでいると感じています。**すでに量があふれている状態においては、質を重視した、つまりエッジの効いたユニークさがないと、注目を集めることができません。**

例えば、スーパーマーケットに行って、牛乳を買うときのことを考えてみます。今やスーパーに並んでいる牛乳は、どれも安心して買える品質でしょうし、値段も似ています。どれも同じようなものなら、消費者としては「安いほうを買おう」となるのは自然です。そうなると、供給者としては、できるだけコストを削減して生産することばかりを考えるようになります。楽しく働ける感じがしませんね。また、日本は人口が減少していますから、全体の消費量は減っていき、事業としては縮小の道を進むしかありません。

しかし、ここでエッジの効いたバリュー（価値）が乗れば、話は違います。ユニークな味なのか、新しい飲み方の提案なのか、加工によって別の価値を生み出すのか、やり方は無限にあります。今までの製品と差別化できれば、利益率を高めることにもつながります。

人についても、これと同じです。**これからの時代は、自分という「製品」がコモディティ化の波に飲み込まれないよう、個性を磨いていく必要があります。**

では、埋没しないスキルとは、どうやって身につければよいのでしょう。

埋没する人がやりがちなのは、世の中ですでに一般的になってしまった指標ばかりを追いかけ、偏差値的発想でスキルを伸ばそうとすることです。

英語が得意でもないのに英語ばかり勉強するとか、パソコンが苦手なのにパソコンの勉強ばかりしているとか。目立った個性を生み出せないばかりか、その努力は苦行でしかありません。

いかにユニークさを出すか。

一つの鍵は「掛け算」の発想です。一つのスキルだけでユニークさを出すのは、なかなか難しいことです。例えば、野球でヒットを打つことを考えても、イチロー選手くらい圧倒的にヒットを打つ技術を身につけられるのであれば、それだけで十分ユニークでしょう。しかし、イチロー選手は二十歳の段階ですでに日本のトッププレイヤーだったのです。そこまで何かを究《きわ》めることは、普通の人が真似すべきやり方ではありません。

そこで「掛け合わせてスキルを作る」ことを考えます。

例えば、サイボウズには、「副業」ならぬ「複業」をしながらスキルを作り上げていく人がいます。**複業とは、一つのカイシャで働く以外にも仕事を持って、複数の仕事でスキルを磨く働き方**です。

サイボウズで複業家として働く中村龍太は、元々、日本マイクロソフトでクラウドサ

「農業×クラウド」などの
ユニークな掛け合わせが、稀少な価値を生む。

ービス事業の立ち上げを推進していましたが、自由に複業できるサイボウズの環境に魅力を感じ、転職してきました。彼は今、サイボウズのキントーンというクラウドサービスの普及に関わる業務を担当しており、クラウドサービスの専門家です。ただ、それだけなら日本に何万人も同じようなスキルを持った専門家がいるでしょう。

ところが、彼にはもう一つ仕事があります。NKアグリというカイシャに所属して農業をやっています。彼ほどこだわって農業をしている人は珍しいと思いますが、ただ、農業だけなら日本に何万人も同じことを仕事にしている人がいる。

しかし、農業をやっている人の多くはク

ラウドサービスのことがよくわからないし、クラウドサービスに詳しいＩＴ業界の人たちの中で、農業を本格的にやっている人はまずいません。

両方を理解している彼は、ＮＫアグリと一緒に、まず自分の農地にセンサーを設置し、クラウドサービスを生かした情報管理を進めました。いわゆるＩｏＴです。さらに、効率よく販売するための仕組みもクラウドサービスで作り、全国に分散する農家が連携しながら安定した価格で販売できるネットワークを作っていきました。この仕組みは総務省の賞を受賞し、今では日本の先進的な農業事例として注目を集めています。

これがまさに「掛け算」の効果です。

「クラウド」と「農業」。どちらも一〇〇人に一人のスキルだったとしても、二つを組み合わせると、一万人に一人の貴重なスキルになります。たった二つのスキルを掛け合わせただけで、極めてユニークな存在になれたのです。

「掛け算」が稀少なユニークさを生む

掛け合わせは強力です。

一〇人に一人のスキルであっても、それが二つ掛け合わされば、一〇〇人に一人になります。それでも不十分なら、もう一つ、二つとスキルを掛ければいい。一〇〇〇人に一人、一万人に一人というユニークなスキルになります。

先ほど紹介した株式ガイシャ仙拓の佐藤社長は、重度障害者であることがユニークさにつながっています。「重度障害者×起業家」。彼は日本に限らず、世界でも有数のユニークさを獲得しました。

私も同じです。私は子どもが生まれるたびに育児休暇を取得し、今でも家事・育児に相当な時間を割いています。カイシャでの仕事に使える時間が減るわけですから、一見不利に思えます。ところが、上場企業の代表を務める男性の中で、実体験を伴って保育や教育について語れる人はほとんどいません。私のユニークさは、働き方改革ブームの中で、サイボウズが注目を集める一つの要因になっています。


ユニークさは新しいバリューを生み出します。

最近はニュースでもよくイノベーションという言葉が聞かれるようになりました。イノベーションは「技術革新」と訳されることが多いのですが、それだとすごい新技術のように聞こえます。

最初にイノベーションを経済学用語として使い始めたのはヨーゼフ・シュンペーターだと言われています。彼が初期に書いた著作では、イノベーションではなくドイツ語の「neue Kombination」という言葉が使われていました。日本語に直訳すると「新結合」となります。

「これとこれを結合すると、今までになかった新しい価値になる」。今までになかったユニークな組み合わせによって、新しい価値、可能性が生まれることがイノベーションだと解釈できます。

イノベーションとは、新結合である。先ほどの「掛け算」と似ていると思いませんか。

広島カープの本拠地であるマツダスタジアムでは、外野席でバーベキューを楽しめる団体席を用意しているそうです。「野球観戦」×「バーベキュー」。これは確かに珍しい。今までの常識的な考え方なら、球場にグリルを置いて焼肉を食べていたら、野球観戦に集中できないから、ファンの不評を買うのではないかと躊躇《ちゅうちょ》してしまうでしょう。

しかし、バーベキューを楽しめるようにしたことで、マツダスタジアムはこれまでにない層の集客ができるようになりました。今まで球場に足を運ぶのは野球好きの人だけでしたが、わいわい賑やかに食事するのが好きな団体層も呼びこめるようになりました。「カープ女子」と呼ばれる新しい顧客層の獲得にも貢献していると思われます。

バーベキューができるレストランなら数えきれないほどあります。野球場も世の中にはたくさんあります。ところが、二つの要素を組み合わせることで、ユニークさを生み出し、それが新しいビジネスチャンスに広がっている事例になります。イノベーティブですね。

何と何を掛け合わせれば、自分の強みを最大化できるのか

スキルを掛け合わせるには、自分の強み、売りになるものをまずは一つ、見つけなければなりません。

自分がモチベーション高く取り組めるものであれば、なんでもよいと思います。今までに学んできたことの中から特に好きなものを選ぶのもいいですね。例えば、よくあるケースとして「英語」でもよいでしょう。ただし、英語を学ぶ人はたくさんいますし、

子どものころから英語に慣れ親しんでいる人たちのレベルに到達するのは至難の業《わざ》です。

そこで、掛け算を考えます。掛けられる何かがあれば、途端に価値を生むユニークさに変わるのです。

例えば、ある地域に興味があるとします。その地域については、地元の人並みに詳しい。そうなると、英語がある程度できて、ある地域に通じている。そういう人は、外国人向けの観光ガイドとして活躍できるかもしれません。人口が減っていく日本においては、いかに外国人の観光客を呼び寄せてビジネスができるかが、重要な課題になっています。英語と地域の掛け合わせによってユニークさを生み出し、それが新しい価値となってビジネスにつながっていく例です。

どこからスキルを身につければいいのかわからない人は、とりあえず「やりたいこと」から始めるのがいいと思います。好きこそ物の上手なれ。努力しなくても学びたいと思えるものがあれば、一つ目のスキルを身につけるのは比較的簡単です。私の場合であれば、子どものころからプログラミングが好きで、今でもプログラミングを最低限理解できることが、掛け合わせの一つの要素になっています。

次の掛け合わせ要素をどう選ぶか。ここが難しいところです。掛け合わせによってユニークさを作り出せるので、一つ目の要素と多少離れた分野がよいかもしれません。

掛け合わせで価値を生みたいわけですから、ニーズを意識して選んでもよいかもしれません。ただ、ニーズがあるかどうかは意外とわからないものです。

以前、俳優・タレントのつるの剛士さんと対談させていただいたことがあるのですが、驚いたのは彼の掛け合わせの豊富さ。イケメン俳優としてウルトラマンダイナの主役を務められたことは理解できますが、その後の掛け合わせがすごいのです。

クイズが苦手なところが次のブレイクにつながったり、芸能人では極めて珍しい育児休暇の取得をきっかけに、父親としてのブランドが生まれてベストファーザー賞を受賞されたり。歌にも継続的にチャレンジされていますし、釣りや将棋を趣味として開拓され、それがまた新しい仕事につながっています。こうなってくると、掛け合わせの要素が豊富なので、何十通りものユニークさを作り出すことができます。これからも長くご活躍されることでしょう。

私の地元の今治市には、FC今治というサッカーチームがあります。こちらのオーナー岡田武史さんも、掛け合わせの天才だと思います。もともとは優れたサッカー選手でしたが、引退後は指導者の道を進まれます。

素晴らしいリーダーシップを発揮され、日本代表の監督となり、日本を初めてのワールドカップ出場に導きます。二度目の代表監督のときは、ワールドカップで初めての決勝トーナメントに進出。本当に素晴らしい経歴です。

普通に考えれば、もう十分に社会的名声を手にし、無理にリスクをとる必要はありません。ところが、岡田さんはその後、あえて中国のサッカーチームの監督となる道を選びます。当時の中国は反日活動も盛んでしたし、言葉の通じない国での監督業で成果を出すことは難しかっただろうと思います。しかし、この経験から、岡田さんはサッカー界では珍しい「中国」という掛け合わせの要素を身につけられました。今後は、アジアで高まりつつあるサッカー熱の先頭を走られることでしょう。

まだ岡田さんの進化は止まりません。なんと次はFC今治のオーナーに。監督ではなくオーナーです。自腹を切ってサッカーチームを買い、経営者になったということです。

岡田さんにとって、経営者という仕事は初めてのことで、お金を稼ぐことの難しさにも直面されました。しかし、「物の豊かさより心の豊かさ」というビジョンを掲げ、地域の人たちや様々な業界からの力を集め、ビジョンに沿ったスタジアムの建設と新しいコミュニティづくりに成功しつつあります。

彼らが「ニーズ」をどれくらい意識していたかはわかりません。ただ、直接お話しした印象で申し上げると、**計算高くニーズを判断したというよりも、人のつながりや自分の心の声に素直に応えていった結果**のように感じます。ニーズにとらわれると、かえって常識に囚われてしまい、掛け合わせに意外性が出てこなくなるのかもしれません。

今、日本では「量から質へ」と社会の構造が変わっています。「石の上にも三年」と

掛け合わせでユニークな人材になれば、様々な場所で楽しく働ける。

歯を食いしばって一つのことを頑張っても、残念ながら昔ほど評価されない時代が来ています。

そうであれば、**一つのことに固執するよりも、自分の心の声に素直に耳を傾け、様々なことにチャレンジし、それらを掛け合わせ、ユニークな自分を作り上げていくほうがいい。**これからの時代に問われるのは、「あなたの個性は何ですか」ということではないでしょうか。

掛け合わせで「一〇〇人に一人」「一万人に一人」の人材になることができれば、カイシャという妖怪の子飼い代理人に従う必要はありません。自分の強みを生かし、様々な場所で楽しく働ける人になれるのです。

3

楽しく働けないカイシャは、どんどん弱っていくかもしれない

この章では、もう一度、話をカイシャに戻し、これからカイシャがどのように変化していくのか、そして雇用される私たちに何が起きるかを考えてみます。

ゲームのルールは「量」から「質」に変わる

先に、量の時代から質の時代へ変わっていると述べました。組織の出す成果も、量の勝負ではなく、質の勝負になってきています。

量の勝負をシンプルに表現すると、長時間頑張った方が勝つようにできている勝負です。日本人が大好きな「根性論」が通用する勝負です。「ウサギとカメ」の話のようにルールがシンプルで、基本的には手を抜かずに延々とやり続けたほうが勝つ競争です。

テレビにたとえてみましょう。テレビがそれほど普及していなかったころは、テレビをたくさん作れば作っただけ売れました。テレビが普及してきても、白黒からカラーへ、分厚いブラウン管から薄い液晶へ、アナログからより美しいデジタルへ、小さかった画面は大きいものへ、誰でも共通に持っている需要に応えていけば、大量に売れる時代が続きました。

　メーカーからすれば、需要が確実にわかっているわけですから、売上を上げるのは簡単です。人をたくさん雇い、真面目に働いてもらって、需要に応えるテレビを一生懸命作ればいいのです。テレビを開発する人も、もっと大きくすること、もっと画質をきれいにすることだけを考えていればよかったのです。

　しかし、今や「ゲームのルール」はすっかり変わってしまいました。大型のテレビよりも、持ち運べる小さいスマホの画面でテレビを見る人も多い。地域で画一的に配信される番組ではなく、自分の好きな番組だけをオンデマンドで見る人も多い。見るだけではなく、見ながらソーシャルに発信し、ネットを通じて一緒に見ている人たちとコミュニケーションすることを楽しむ人もいます。

　今でも、4K、8Kと、さらに画質を向上させたテレビが出てきています。さらなる画質を求める人ももちろんいらっしゃいますが、もはや多数派とは言えません。ニーズは多様化しました。この流れについていけなかったメーカーは、テレビ事業で利益を出すことが難しくなり、撤退が相次ぎました。

量で競争した時代には、従業員が歯を食いしばり、長時間にわたって働いていれば成果を出せました。しかし、今そうしたやり方を続けていても、付加価値の高い仕事はできません。

現代はグローバル化が進み、人件費の安い人たちが量の勝負を挑んでくるからです。日本のカイシャよりもはるかに大規模なグローバル企業が、規模を生かして効率化の進んだ勝負を仕掛けてくるからです。もしくは、多様なニーズに応えるべく、多様なカイシャが競争に参加してくるからです。さらに、そうやって量さえこなせばいい仕事は、どんどんAIやロボットに置き換わっていくからです。

頑張っていればなんとかなった時代は終わりました。いつまでも量の勝負を続けるのではなく、質の勝負に転換しなければならない時代が来ているのです。

質の勝負に必要なのはアイデアです。ニーズの多様化に応えるための差別化戦略です。独自のこだわりです。イノベーティブ、クリエイティブなアイデアは、多様な個性から生まれます。

質の勝負に転換して復活を遂げた今治タオル

私の出身地は愛媛県今治市です。私が小学生くらいのころ、つまり一九八〇年代はタオルの生産量が五万トンあったそうです。国内で圧倒的な生産量を誇っており、私の友人の母親の何割かはタオル関係の仕事をしている、という感じでした。

ところが、円高が進む中で、多くの工場は人件費の安い中国へ移転してしまいました。価格の安い輸入タオルに押されるように、十八年連続で生産量を減らし、今治のタオル生産量はピーク時の五分の一にまで減りました。

タオル業界の人は、いろいろと工夫しながら頑張っていたのだろうと思います。しかし、量の競争は、量が多い方が勝つようにできています。安い中国製品が市場を席巻し、今治市のタオル産業は衰退しました。

ところが、話はここで終わりません。

二〇〇六年、今治のタオル業界は、クリエイティブディレクターの佐藤可士和さんに協力を要請します。

佐藤可士和さんが始めたのは、「ブランド作り」でした。他国のタオルとは違う「やわらかさ」や「軽さ」などの特徴を明確にするとともに、「五秒ルール」と呼ばれる厳しい吸水性などの基準を作り、「今治タオル」のブランドを作っていきました。

その後の今治タオルの復活は有名です。生産量は横ばいながらも売上は一〇倍以上へと急成長。日本国内にとどまらず、グローバルへ市場を拡大しています。**タオル職人たちは、ちゃんと儲かるようになりました。そしてなにより、そのことを誇りに思い、楽しく働けるようになりました。**いいタオルを作りたい人が、いいタオルを作って、それが世界でも認められた。今治のタオル産業は、量から質への転換を遂げました。

世界は広く、そして日本はその中のごく一部にすぎません。もしあなたが「タオルをとにかくたくさん作りたい」のであれば、今すぐ日本を出ていくべきでしょう。しかし、もし「自分らしいタオルを作りたい」のであれば、これからも日本で活躍できるチャンスがあります。

キーワードは量から質。自分たちの強みが生きる高品質のタオルを作りたかった人たちは今治市に残り、今日もブランド力の高いタオルを作り上げています。

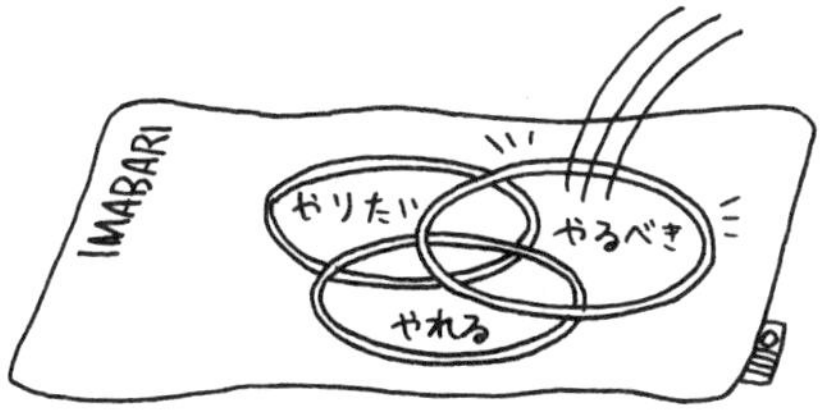

今治のタオル産業は、「やりたい」「やれる」に
新たに「やるべき」を加えたことで、復活を遂げた。

ユニークな「好き」が、質を追求することにつながる

質を追求していくと、「質とは何か」を問うことになります。

テレビの画質が上がっていくことを質だと見る人もいるでしょうし、画質はそこそこでいいから、見たい番組をすぐ出してくれることが質だ、と言う人もいるでしょう。量は画一的ですが、質は多様です。

やっかいなことに、質は多様なだけではなく、変化します。今日食べたいものと明日食べたいものは違うし、今年やりたいことと来年やりたいことは違います。

質の変化を追いかけていくには、市場のニーズを確認し、重ね合わせていく作業が必要です。ずっと同じことをやっていては、人が求める質の変化に追随することはできません。

かといって全方位、あらゆる人が求める質を同時に満たすことはできません。コンパクトで持ち運びができるんだけど画面は大きい方がいいとか、軽いんだけどとても丈夫とか、価格は激安だけど高級感があるとか。そんなテレビが欲しいと言われても、困りますよね。

何かを残して何かを捨てる、という取捨選択が必要です。

そもそも「ものがない」時代は、量の競争でした。安くてもきちんと使えるものを大量生産する。そして、誰もが求める質を向上させていく。そうすれば、たくさん売れる時代でした。それに対して、質の勝負では、「ゲームのルール」が変わります。たくさん売っても利益が出るとは限りません。

以前、大手家電メーカーの経営者と話したときのことです。「うちは三万台作って売るビジネスのやり方は知っているけれど、三〇〇〇台作って売るビジネスのやり方は知らないんだ。これが問題だと思う」という危機感を持っておられました。量の競争しかしてこなかったメーカーは、大量生産で利益を出すビジネスモデルから抜け出せていないのです。

でも、三〇〇〇台で儲けるビジネスモデルにするというのは、どういうことでしょう?

顧客のニーズの中でも、自分たちが応えられるニーズに絞り込む。そのニーズに関しては、圧倒的な品質をもって顧客の満足を獲得する。何倍ものお金を払ってでも買いたい人を想像し、その人のためのマーケティング活動をする。

「バルミューダ」というカイシャが作っているトースターは、ひとつのお手本になります。普通のトースターなら二〇〇〇円も出せば買える時代であるにもかかわらず、値段が一〇倍もするバルミューダ製のトースターは人気が高いのです。スーパーやコンビニで買ってきた普通のパンでも、バルミューダのトースターで焼くと、不思議と美味しく食べられるようになるからです。サイボウズでもラウンジに一台置いていますが、社員にとても好評です。

もし、私のやりたいことが「個性的な家電製品を作る」ことならば、大手ではなくバルミューダのようなメーカーで働きたいと思うでしょう。自分の仕事に誇りを持てると思うからです。そして、質を追求して働くということは、すべてのニーズに応えることではありません。市場には様々なニーズがあります。**あなた自身の個性的なこだわりこそが、質を追求することにつながる時代になってきた**のだと思います。

多様な個性を、楽しさに変えよう

量から質の時代にシフトしているにもかかわらず、日本の教育の現場では、未だに画一的なやり方から抜け出せていないようです。私の長男が小学校に入学したので、学校に足を運ぶ機会が増えたのですが、四十年前から変化が少ないことに驚きました。

全員が同じ年齢で入学し、全員がランドセルを背負って通学します。一年後には、全員が二年生になります。クラスには先生が一人いて、教室の前方に黒板があって、全員が同じ方向を向き、全員が同じ内容の授業を聞きます。夏休みに出される宿題は、読書感想文と自由研究。九月に入ると全員がこれらの宿題を提出することが義務化されています。

今の日本の教育では、先生から出された宿題は絶対です。「出された宿題をやる」だけ。そこに選択の余地はありません。しかし、**質が大事な時代では、どの課題を選択するかを自分で決め、自分で責任を取ることを求められます。そこで何を選択するかが、重要な戦略的意思決定になります。**

経済活動が量から質へと移行する中で、この画一的な教育には危機感を覚えます。ＩＴを活用すれば、子どもたちの個性に応じて、受ける授業の内容を変えられるはずです。様々な年齢の子どもたちが一緒に学んだり、教えあったりしてもいいでしょう。そのような画一的でない教育を受ける中で、自分オリジナルの個性に磨きをかけ、社会に出ていくように育てたほうがよいように思います。

実際、社会に出てみると気づきますが、自分の不得意なことをわざわざ仕事にしたりしません。それぞれの「得意」を生かして仕事をするのです。人と話すのが得意な人は営業職を任され、正確に計算することが得意な人は経理を任され……といった具合です。それにもかかわらず、学校では、一人が全教科で好成績を残すことが大事だと教えられます。

インターネットで調べれば、様々な知識に触れられる現代において、すべての子どもに身につけさせなければならない知識は多くないと思っています。知識を教えるよりも、むしろネットで検索するスキルを教えたほうがよいかもしれません。

そして、もっとチームワークについて教えるべきだと思います。日本の教育は基本的に個人戦を強いています。どのテストも一人で受けます。横の人と協力してテストの解答を作ったりしません。多くの仲間と役割分担をしたり、自分の得意なところに集中したりといったチームワークの機会は限られています。

ところが、カイシャに入った途端、チーム戦をすることになります。営業、開発、人事など、様々な職種の人たちが連携しながら仕事を進めます。それまで個人戦しかしてこなかった日本人は、じつは多様な個性を生かしたチームワークが苦手です。

人は一人ひとりが違う存在です。好きなことも違えば、嫌いなことも違う。好きなことをどんどんやればいいし、嫌いなことは人に任せたらいい。誰もやりたくないことはロボットに任せたらいい。

そして何より、自分らしく生きることは楽しい。自分のやりたいことを、相手のやってほしいことと重ね合わせることができれば、相手も助かるし、自分も役に立ててうれしい。それが当たり前になれば、多様な個性がどんどん楽しさに変わっていく。

こういう大事なことを、日本でも教えてもらえる日が早く来るといいですね。

年功序列の「我慢レース」から降りる人が増えていく

カイシャにおいて多様な個性が重視されるようになれば、人材の評価も画一的にできなくなります。**それぞれの個性に応じて、柔軟に給与が決まるようにならなければ、せっかく磨いてきた個性を評価してもらえないことになってしまいます。**

しかし、今の日本企業の多くはそうなっていません。大学を卒業して入社してくる新入社員の給与は、そのカイシャの中では全員がほぼ同じ金額です。そして、普通に働いていれば、ほぼ同じ金額だけ毎年上がっていきます。入社してから二十年間、スキルが高い人も低い人も、ほとんど給与の差がつきません。言い換えれば、勤続年数が長い人ほど給与が多い。いわゆる年功序列です。

よくビジネス誌などで「給料のいいカイシャランキング」といった企画を見かけますね。本当はカイシャによって給料の良し悪しが決まるというのはおかしな話で、人によって決まるのが自然です。

例えば、プロ野球選手を考えたとき、ジャイアンツに勤めていても、タイガースに勤めていても、給料が高い人は高いし、低い人は低いのです。同じチームの選手であっても、年俸が倍になる人がいるかと思えば、今シーズンを最後に解雇される人もいます。それは、ジャイアンツだから・タイガースだから、という理由ではなく、その人のスキルがこの業界の中でいくらくらいの評価なのか、に沿って決まります。これが市場主義です。

人材の流動性が高まっていけば、カイシャでも同じことが起きるでしょう。すでにいくつかの転職情報サイトでは、自分のスキルが市場でどれくらいの価格なのかを診断できるようになっています。もし、転職したら給料が倍になることがわかれば、転職に踏み切る人は増えるでしょう。

また、**自分のスキルを切り売りできるようになっていくでしょう。**例えば、「自分の労働力の六〇パーセントをA社に提供し、残り四〇パーセントをB社に提供する」といったことも、これからの時代は可能です。日本は少子高齢化に伴って、人手不足が深刻になっていますから、フルタイムで働かなくても採用される時代に変わってきています。

逆に、フルタイムで働く人しか採用できないカイシャは、若者や高齢者、育児や介護で制限のある人たちの力を借りることができず、少子高齢化に伴う労働人口の減少とともに、事業を縮小せざるを得ないでしょう。

サイボウズでも「市場性」を重視して給料の金額を決めるように変化しています。市場性とは、売り手と買い手の値段が折り合って決まることです。カイシャ代理人側からの条件提示と、働く側からの条件提示によるマッチングで決まるということです。

少しわかりづらいと思うので、コーラにたとえてみましょう。

ある暑い日、街を歩いていた私がコーラを飲みたくなったとします。道路脇の自動販

フルタイムで働く人しか採用できないカイシャは、今後縮小せざるを得ないでしょう。

売機で、ペットボトル入りのコーラが一六〇円で売っていました。私は迷うことなく購入しました。ちょうど喉が渇いていたところに冷たいコーラ。妥当な金額で手に入れることができて私は満足です。

このとき、私は将来に対する期待値を予測してお金を支払いました。この自動販売機で売られているコーラは、この味で、この量で、このくらいの冷たさであるに違いない。それを飲むことで得られる私の幸福感はこれくらいに違いない。そんなことを無意識のうちに考えながら購入しています。

しかし、一〇〇メートル先には、格安のスーパーマーケットがあることも知っていました。同じコーラが一〇〇円で売っていることを知っているけれども、一六〇円、つまり六割も高い金額を払って購入しました。

理由はいくつか挙げられます。まず、格安スーパーで売っているコーラは冷えていない。それから、一〇〇メートル歩いてスーパーに入り、飲料コーナーに行ってコーラを手にし、レジに並んでお金を払うまでの時間と労力がもったいない。すぐ飲みたかったから、冷えたコーラに一六〇円払いました。もし、時間に余裕があれば、スーパーまで行って買って持ち帰り、冷蔵庫から氷を取り出して冷やして飲んだかもしれません。

市場性による金額は、モノそのものだけでなく
付加価値や利便性など、様々な要素で決まる。

　このように、**モノの値段は、モノ自体の価値だけではなく、付加価値や利便性、競合との関係や購入者の状況、その他様々な要因によって決まります。**

「このコーラの妥当な価格はいくらである」なんてことを画一的には決められません。砂漠の真ん中で売られていたとしたら、一〇〇〇円でも買う人はいるでしょう。これが市場性です。

　つまるところ、モノの値段はマーケット次第。市場によって決まるとしか言いようがありません。提供者と購入者の意思によって、その瞬間に確定され、正しい値段というものは存在しません。

人材の値段、と言うと「人はモノではない」と怒られそうですが、価格がつく労働サービスだと考えることができます。その**労働サービスの価格も、市場が流動的になればなるほど、モノと同じように市場性に基づいて決まっていく**ことになるでしょう。

例えば、今、世界的にコンピュータ・エンジニアの需要が高まっています。ビジネスにおいて、ITを駆使できるかどうかが競争力の源泉になっているからです。アマゾンやアリババなど、技術力の高いカイシャが様々な事業分野に進出しており、多種多様な業界に激震が走っています。メディアも、小売りも、そしてIT業界自体も、もっとIT力を高めなければ生き残れないと認識されつつあります。この状況においては、コンピュータ・エンジニアの市場性は必然的に上がっていきます。砂漠で売られている水の値段、ということです。

しかし、日本の大企業の多くが年功序列の給与体系で、有能なエンジニアであっても年齢が若いという理由で、市場性に沿った金額が提示されません。これではエンジニアを集めるのは難しいですね。

十年後も同じ市場が存在するかどうかはわかりません。AIの進歩などによって、今ほどエンジニアを必要としない時代になっているかもしれませんし、逆にもっとエンジニアが重要になっているかもしれません。市場性は常に変化していきます。

不幸なのは、年功序列の我慢レースに参加して、ゆくゆく給料が上がるのを待っていたら、カイシャの調子が悪くなって、給与を大幅にカットされたりリストラをされたりした人たちです。新卒でカイシャに入社し、代表を信じて長く勤め、自分の市場価値を意識することなく四十歳に。そこで待ち受けていたのは市場の厳しさ。「**私はA社で課長をしていました**」**と言ったところで、市場にとってどれくらいの価値になるでしょうか。**A社での価値は、所詮A社限定のものに過ぎません。

このように、年功序列の仕組みは変化の速い時代にそぐわないものになってきています。そのため、年功序列のカイシャの「我慢レース」にはもう付き合い切れない、と感じる人も増えていくでしょう。

年功序列から成果主義を飛び越して市場主義へ

年功序列に代わる給与制度としてよく挙げられるのが「成果主義」です。成果主義とは、過去に出した成果を評価し、それに対して価格をつけるという考え方です。しかし、私はこれからの社会では、成果主義が主流にはならないのではないかと考えています。

例えば、先ほどのコーラの話。私が一六〇円を支払ったのは、過去の成果に対するものではありません。喉を潤してくれたからお金を払ったのではなく、喉を潤してくれるだろうという**未来の期待値としてお金を払った**のです。

プロのスポーツ選手の年俸も同じです。成果を出したのに、年俸を下げられるのはよくある話です。

「私、今年は結構活躍しましたよ。打率は三割近くありましたし、ホームランの数も前年並みでした。どうして年俸を下げられないといけないんですか！」と言っても、「いや、もう君もいい歳だし、来年は今年ほどの活躍は期待できないだろう。若いメンバーも入ってきたから、今年ほどは試合に出場できないと思うよ」と言われてしまうことがある。つまり、過去に出した成果ではなく、未来に対する期待値で年俸が決められるのです。

プロのスポーツ選手では、そういうことが頻繁に起こりますから、選手は大変です。そこで、球団に複数年契約を求めたりします。未来の複数年に対するトータルの期待値に金額を設定してもらうことで、金額の平準化を図り、リスクを低減する交渉です。選手にとっては、ケガやスランプに陥ったりしても、最低金額が保証されますし、球団の代表にとっては、年俸が高騰したり他チームに移籍されたりするリスクを回避できます。互いのビジョンを重ねることで妥協点を見出す交渉です。

売り手と買い手が価格に納得すればよいわけですから、契約にはいろいろな形態がありえます。「三年で契約すると気合いが入らない。一年契約にすることで緊張感を持って勝負したい」と、単年契約を好む選手もいるでしょう。あるいは、基準となる年俸の金額に対してアップダウンする率の上限だけは決めておくといった契約もあるかもしれません。需要と供給の調整によって決まるわけですから「市場主義」と言えると思います。

「カイシャ員の給与も、プロ・スポーツ選手のようになるのか？」と、ときどき聞かれるのですが、もしかするとカイシャ員のほうがさらに市場主義になるかもしれません。

プロのスポーツ界には、様々な決まりがあり、選手本人の意思で自由に移籍できるわけではありません。「来年からジャイアンツに行きたいな」とか「そろそろメジャーリーグに行こうかな」と思っても、自分で移籍先を決める権利を獲得するためには様々な条件を満たす必要があります。つまり、自由に転職できないわけです。

しかし、カイシャ員は違います。日本でカイシャを辞めたいと思ったら、たいてい一カ月前までにカイシャへ伝えればいい。ほかのカイシャに行くのも自由です。機密情報を漏洩《ろうえい》することがなければ、競合他社に転職することもできます。プロ・スポーツ選手よりも、よりスピーディに市場価格を反映させることができるのです。

もともと資本主義は、そういう風にできています。「見えざる手によって、需要と供給が調整される」などと表現されたりしますね。需給によって価格が決まるという自然な形に、ようやく日本のカイシャ員の給与も近づいていくと予想しています。

これまでの「量の時代」は、画一的な一括採用と年功序列、そして定年退職と退職金の制度によって、一人ひとりの個性を重視しなくても、モチベーション高く働いてもらうことができました。それは当時の日本が後進国で、人件費が安く、また労働人口が潤沢だったから機能したことです。

人件費が高くなり、そして労働人口が減少している今の局面においては、もっと働く一人ひとりの個性に目を配り、市場性に基づいて給与を決める仕組みに変化する必要があります。もし、変化できなければ、採用力や定着率の低下を招き、事業を縮小していくことになるでしょう。あなたのカイシャの代表は、そのことに気づいていますでしょうか。

「雇用を守る」と言って社員を飼い殺しにしてきた日本のカイシャ

ここで経営者の視点から「雇用」について考えてみましょう。

従業員の数が多いことを自慢する経営者がよくいらっしゃいます。「うちは、これだけ多くの雇用を作り出している。日本の雇用を支えている」と言って、とても誇らしげです。

しかし、本当に誇らしいことなのでしょうか。

少子高齢化が進む日本は、今後、慢性的な人手不足になることが予想されています。つまり、あるカイシャが「たくさん雇用する」ことは、他の様々なカイシャの採用活動の妨げとなります。よかれと思ってたくさんの人を雇用しているにもかかわらず、他のカイシャにとって、また社会全体にとっては迷惑行為になる可能性もあるのです。カイシャが生み出す価値が同じであれば、従業員数は少ない方が、周囲にとってはありがたいとも言えます。

学校の部活動にたとえてみましょう。野球部にサッカー部、テニス部に卓球部など、様々な部活動があって、それぞれ楽しく活動しています。ところが、生徒数が減ってきました。にもかかわらず、野球部は部員数を拡大している。当然、他の部は困ります。野球部の部長はこう言います。「俺たちはこれだけたくさんの生徒に部活動の機会を与えているんだ。素晴らしいことではないか」。

雇用の数を自慢している経営者がいたら、その人が本当に社会全体の利益を考えているかどうか疑ってみてください。たくさんの従業員を採用し、長時間労働で疲弊させ、少子高齢化の道を歩んできた現実について、反省と変革が必要ではないでしょうか。

重要なのは、雇用している人数の多さではなく、その一人ひとりがどのような人生を歩んでいるか。

例えば、日本には、「そのカイシャを辞めたら他では通用しない社員」を量産している大企業がたくさんあります。他のカイシャでも求められるようなスキルを身につける機会を与えず、社内で長期間にわたって漫然と働かせる。ある日、カイシャの業績が悪化し、転職しないといけなくなったら、さあ大変。そこで初めて自分の市場価値の低さに気づく。

もしくは、学生時代はとても優秀で、将来を嘱望される存在。しかし、数十年にわたる我慢レースの中で、思い切り力を発揮する機会を与えられることなく年を重ねていく。気づいてみれば、目立った実績も出せぬまま、定年を迎えてカイシャから追い出される。しかし、人生は長い。地域のコミュニティに参加したこともなく、そのカイシャで働く以外のスキルを持たない彼に、残りの人生を充実させる場所はない。

このような飼い殺しの状況を改善するには、人材の流動化が欠かせません。**多くの従**

日本には「そのカイシャ以外で通用しない社員」を量産している大企業がたくさんあります。

業員を抱えるカイシャから、脱出するチャンスを増やすこと。そして、自分のスキルを伸ばし、市場価値を高める場所を作ること。そうすれば、人はもっと自由に働けるようになると思うのです。前章でお伝えしたように、これからはスキルを掛け合わせる時代です。**副業を禁じるような会社に勤めることは、スキルを磨く上で大きなリスクになります。**

さらに一つ予想をしておきます。今まで「雇用を増やしている」ことを社会貢献だとアピールしてきたカイシャが、これからは手のひらを返したように雇用を減らしていく、という予想です。

これには、ＡＩ（人工知能）やロボットの進歩が背景にあります。今までは「雇用を守る」ことを理由に、意のままに社員を働かせてきたわけですが、ロボットのほうがもっと自分の意のままに働いてくれるわけですから。

ぜひこれから起きる世の中の変化を観察してみてください。

「すごくない雇用」をしているカイシャでは、一部の人しか楽しく働けない

社員数の多さが偉いわけではないと言いましたが、雇用には「すごい雇用」と「すごくない雇用」があると考えています。

優秀な人を採用するのが、「すごくない雇用」。

これは誰でもできることです。ここでいう「優秀」とは、どのカイシャでも通用する高いスキルがあるとか、たくさん稼いだ実績があるとか、健康でフルタイムで働いてもらえるとか、賢くて何をやらせてもすぐ上達しそうとか、どこのカイシャでも欲しがりそうな人のことを指します。

こういう人を雇用するのは、ある意味でリスクが小さい。マネジメントが楽だし、放っておいてもそれなりに活躍してくれそう。そして、旧来の我慢レースに乗せて放っておく。飼い殺しにしたとしても、さほど失敗には見えない。

では、「すごい雇用」とは何でしょうか？

それは、「他のカイシャでは採用されない人」とか、「制限が多い人」とか、「採用するのに勇気がいる人」を採用することです。

例えば、「一日に四時間しか働けない」「週に三日しか働けない」「オフィスに出社することが難しい」……そういう人たちをたくさん採用し、活躍してもらえるカイシャはすごいと思います。

制限のある人たちを生かすには、高いマネジメント力が必要です。従業員を一律に扱うのではなく、一人ひとりの個性に注目し、その個性を生かすための戦略を考え抜く必要があります。

「すごい雇用」ができるカイシャが増えれば、より多くの人々が楽しく働けるようになるでしょう。一方、「すごくない雇用」をするカイシャが増えれば、ごく一部の人たちしか楽しく働けない社会になるでしょう。

女性であれば、子どもができてワーキングマザーになった途端、「うちでは短時間勤務はできません」とか「在宅勤務はできません」と言って追い出されてしまいます。

これからの社会で、どのような雇用が賞賛されるべきなのか。単純に雇用の数だけでは測れません。社会という観点から雇用を考えるのであれば、雇用の中身を見ていくべきだと思います。

魅力のないカイシャは選ばれなくなる時代

サイボウズでも、「すごい雇用」にチャレンジしています。広報部門で働く江原なおみを紹介しましょう。

江原は大学を卒業した後、ソニーに勤めていましたが、結婚を機に退職しました。二人の子どもを育てていますが、子どもに手がかからなくなってきたので、十六年間のブランクを経て、再びカイシャで働くことを決意しました。

彼女はアメリカに在住した経験があって、英語が得意。ＴＯＥＩＣは満点です。ただ、いきなりフルタイムで勤務するのは自信がない。応募書類に「短時間勤務で働きたい」と書くと、ほぼ全滅。書類選考で落とされてしまったそうです。

サイボウズでは、育児など様々な理由でカイシャ勤めにブランクができた人に対し、復帰に向けたインターン制度（通称：ママインターン）を作ってみました。江原はこの制度をきっかけにサイボウズに再就職。短時間勤務や在宅勤務を活用しながら、カイシャの顔となる広報として最前線で活躍しています。

人生は様々なイベントの連続です。結婚して子どもができたり、親の介護が必要になったりするかもしれない。子どもが障害を持っているかもしれないし、自分やパートナーが重い病気になることもあります。そうなった瞬間、「すごくない雇用」をしているカイシャは、あなたを厄介者として窓際に追いやるでしょう。そういうカイシャは、「実体雇用力」がないのです。

今までは、経営者にとって使いやすい「優秀」な人だけが優遇され、制限のある人たちは放置されてきました。女性や高齢者、障害者などを無理に活用しないほうが有利に戦えたのでしょう。でも、**少子高齢化による人手不足など社会的な状況が変わってきたことで、「すごくない雇用」をしているカイシャは、むしろ厳しい状況に追い込まれつつあります。**

一例として、大手企業の内定承諾率が下がってきていることが挙げられます。「就職したいランキング」では毎年上位に登場するような強いブランドを持つカイシャであっても、内定を出した学生の四割に断られているという話を耳にしました。超売り手市場になったことで、学生は慎重に企業を選ぶ余裕が持てるようになってきました。

おそらく、今の若い人たちは、モンスターの正体に薄々気づいているんじゃないでしょうか。**我慢レースを強いられて、自分の成長を妨げられるかもしれない。もし何かあったときには放り出されるかもしれない。長い人生を考えるとリスクが高い職場だ**と感じているのかもしれません。

これからの時代を生きるみなさんには、自分の個性を磨くとともに、カイシャを見極める目を養っていただきたいと思います。

モンスター企業の代表は、都合のよい社員だけを囲い込み、思い通りに働かせようとします。モンスターの呪縛から自分を解き放ち、個性的で楽しい人生を歩んでいきましょう。

4

サイボウズでやってきた実験は、意外と参考になるかもしれない

サイボウズのメンバーと仕事をされた外部のみなさんが、よく「サイボウズの社員は楽しそうに働いている」と言ってくださいます。全員が同じように楽しめているわけではありませんが、確かにその傾向があると思います。

私たちが「楽しく働ける職場」にこだわるのは、それが社員一人ひとりにとって大きな報酬だと思うからです。カイシャの仕事で使う時間は、人生において大きなものとなります。その時間が楽しいかどうか、それは人生の充実度に直結します。

また、楽しい職場には、人が集まりやすくなります。退職する人も減るでしょう。

「楽しい」はメンバーにとって報酬であると同時に、重要な経営戦略だと考えています。

この章では、サイボウズというカイシャで実践している働き方をご紹介します。

多様な人が楽しく働くための「フラスコ理論」

長い間、日本人は「画一的」であることを重んじてきました。全従業員が同じ時間に、同じ場所に出勤し、同じように残業し、同じように給料が上がっていく。「一様」と言ってもいいかもしれませんし、「公平」と言ってもいいかもしれません。

ジェンダーについても同じ発想です。外で働くのが男性、家で家事をするのが女性。結婚すれば、妻は夫の名字に変えて姓を統一する。子どもが生まれれば、子育てするのは妻の仕事。男性は男性として画一的に働くことを期待され、女性は女性らしさを画一的に求められてきました。

このやり方が悪かったとは思いません。ある意味で日本人の「勝ちパターン」だったのだろうと思います。この勝ちパターンに則《のっと》って頑張れば、多くの人がまずまず幸福に生きることができた。冷蔵庫にカラーテレビ。マイホーム、マイカー。経済も発展するし、生活も安定した。そういう時代だったのだろうと思います。全国民における幸福の最大化を図るための、国家戦略として機能したと推測します。

しかし、時代は変わります。生活必需品の普及とともに、「みんな」が欲しいものはなくなってきた。**長時間労働を厭わない男性が集まり、画一的に働くことで生み出してきた様々な製品やサービスは、昔ほど売れなくなってしまいました。**モノが溢れ、価値観が多様化する中で、いわゆる普通のテレビや車は魅力を失いました。

カイシャで働く人たちの中には、根本的な変化が必要であることを理解する人もいらっしゃいます。ただ、どうすればいいかわからない。社内を説得するにも確信がない。そもそも議論する文化すらない。変化は遅く、日本のカイシャは国際競争力を失い続けています。

いったいどうすればいいのでしょうか？

この問題に対する答えとして、私たちは「フラスコ理論」というマネジメント手法に辿り着きました。**フラスコ理論は、多様な個性を生かしてカイシャを経営するためのメソッドです。**

ここまでに、量から質に変わる時代には、差別化されたクリエイティブなアイデアを生み出していく必要があるとお話ししました。多様な人材が議論し、面白い企画を考えていく。そのような場が必要です。

その「場」として、フラスコを想像してみます。小学校の化学の実験で使った、あのフラスコです。フラスコに多様な人材を入れて、振ってみましょう。しばらくすると、化学反応が生まれ、面白いアイデアが生まれてくる。フラスコ理論は、そんなイメージです。

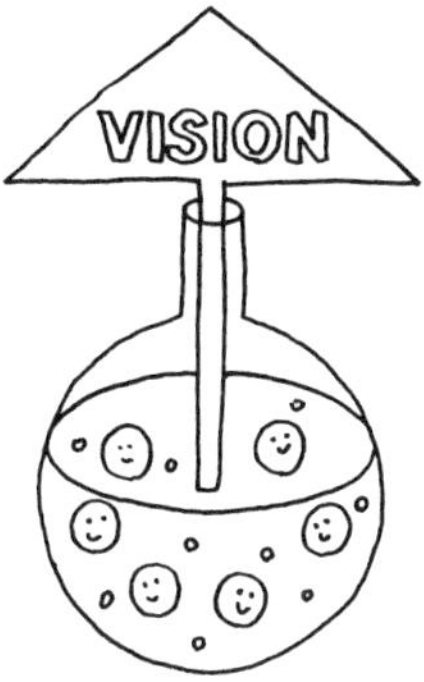

サイボウズの「フラスコ理論」では、多様なアイデアのアウトプットが、ビジョンによって明確に方向づけられる。

フラスコの代わりにビーカーではどうでしょう？　同じように化学反応は起きるかもしれませんが、ビーカーは口が広がっていますから、アイデアが拡散していきそうです。これではチームの方針が決まりません。

私のイメージではフラスコです。フラスコの口が絞られているのは、ビジョンが明確であることのたとえです。様々な人材が混じっているのだけれど、全員がビジョンに向かって思考する。ビジョンに向かってアイデアが出される。**ビジョンという制限こそが、チームで実行可能なアイデアを引き出す**と考えています。

例えば、家電メーカーで新製品を企画す

るとしましょう。多様な人材がいれば、「こんな新機能がいい」「あんな新機能も欲しい」といろいろなアイデアが出てくることでしょう。でも、そうやって出てきたアイデアには、方向性がありません。そもそも、カイシャは何を達成したいのか。カイシャに集まってきた自分たちの共通の夢はなんなのか。

目先の売上や利益にとらわれず、長期的に差別化できる「質」を追求するためには、ビジョンへの強い思いが必要です。それをそれぞれのメンバーのビジョンとして深く探求していく必要があります。

フラスコの口は、明確なビジョンです。この狭い出口に向かって全神経を集中させることで、エッジの効いた成果を出せる。イノベーティブな製品やサービスを生み出すことができるのです。

サイボウズの場合、「チームワークあふれる社会を創る」ことをビジョンとして掲げています。サイボウズには、たくさんのソフトウェアエンジニアがいます。グループウェアに限らず、様々なソフトウェアを作り出すスキルを持っています。にもかかわらず、ビジョンを絞る。全メンバーの力を一点に結集する。だから、世界中に存在する無数のソフトウェア企業に負けない、ユニークでレベルの高いグループウェアを作ることができる。

また、私たちが議論する中から生み出されるアイデアは、グループウェア自体の進歩にとどまりません。グループウェアを使っていただいているときに発生する「ログ」を解析して提供することで、もっとチームワーク向上に貢献できるのではないか。さらには、ソフトウェアに加えてチームワークについて学んでもらうための「研修」も必要ではないか。「コンサルティング」も事業にすべきではないか。

こうなってくると、他のソフトウェア企業ではまずやらない領域にまで自分たちの強みを伸ばしていくことができます。**一見、拡散しているように見えるアイデアが、じつは一つのビジョンに向かっていて、その組み合わせが差別化された事業戦略になるのです。**多様な人材から発生する化学反応の成果を、拡散させてしまってはもったいない。気持ちを一つにまとめることが大事です。

じつは、**多くの日本企業は、これとまったく逆のことをしています。**

まず、従業員の多様な個性を引き出せていません。本来、人は多様です。生まれも育ちも、そして考え方も様々です。その事実を無視するかのように、同じように働かせ、同じように給与を与え、同じように昇進させる。**気づいてみれば、多様だったはずの人材が、似たような人材に集約されていってしまう。**

人材が似ていると、化学反応が起こりづらい。よって、面白いアイデアが生まれない。さらに、カイシャのビジョンがはっきりしていなかったりする。せっかく化学反応が起きかけても、どこに向かってアイデアを磨いていけばよいかの指針がない。

大事なのは、多様なそれぞれの社員が、代表の持つビジョンと重ね合わせて思考していること。カイシャの組織もお金も代表の意思によって動きます。代表の意思と重ね合わせることで、力を結集してアイデアを実現できるようになります。

これは、上意下達《じょういかたつ》で物事を決めるということではありません。誰もがフラスコを振る人であり、誰もがフラスコの中で振られる人です。

サイボウズでも、様々な人材が様々なアイデアを持ってきては、揺さぶりをかけてきます。あるときはソフトウェアの新しい開発手法だったり、新しい人事制度だったり、斬新な広告キャンペーンだったり。出されたアイデアは、ビジョンに向かって最大の効果を生み出せるよう、様々な知識を持った人たちによって磨かれていきます。

触媒としての「公明正大」と「自立」

フラスコに多様な人材を入れる。そして振って混ぜる。そこで化学反応が起きるわけですが、**その反応を起こすために欠かせない触媒が二つあります。一つは「公明正大」。もう一つが「自立」です。**

公明正大とは、嘘をつかないこと、そして情報を隠さないことです。もし、互いに嘘をつく状態だとどうでしょうか。嘘の情報によって引き起こされた化学反応は、事実に即していませんから成果に結びつかないでしょう。もし、互いに情報を隠したままフラスコを振ったとしても、情報不足でそもそも何の化学反応も起きないかもしれません。

また、自立とは、自分で責任を持って行動を起こすということです。もし、議論の場に上司がいて、上司にすべてを委ねるつもりだったら、どうでしょうか。せっかく思いついたアイデアがあっても言わない。疑問に思っても聞かない。そんな状態であれば、やはり化学反応は起きません。この問題を自分の問題であると考え、主体的に意見を出していく状態を作らなければ、せっかくのフラスコも無反応に終わります。

面白い化学反応が起き始めると、その変化に興味を持った人が集まってきます。さらに多くの人材が、さらに大きなフラスコの中で混ざり、さらに化学反応を起こす。参加する人は、カイシャの従業員だけでなく、取引先や顧客でもよいでしょう。様々な背景から様々な意見が出され、誰も予想できなかった面白いアイデアに昇華されていく。

二〇一七年九月、サイボウズは日経新聞に全面広告を出しました。タイトルは「働き方改革に関するお詫び」。世間でブームになっている働き方改革が、じつは社員の楽しさにつながっていない。サイボウズの代表である私が、そのことを新聞の一面を使ってお詫びする、という珍しいスタイルの問題提起は、多くの職場で支持されました。

広告が出たその日の朝、共感した人がネットで拡散し、すぐに官僚から電話がかかってきたり、大臣や国会議員からもフィードバックをいただいたり、予想をはるかに超える反響でした。

私は偶然、この広告が生み出される瞬間に立ち会ったのですが、まさにフラスコでした。社内の様々なメンバーだけでなく、社外の有識者も巻き込んで、何度も思考と議論

20th Anniversary cybozu

働き方改革に関するお詫び

サイボウズは本年、おかげさまで創業20周年を迎えました。
平素より格別のご高配を賜り厚く御礼申し上げます。

「世の中の働き方を変えたい」と起業し、これまで7万5千社以上の企業で弊社製品をご愛用いただいております。そして、私たち自身も働き方の改革に取り組み、最大6年間の育児・介護休暇制度や在宅勤務制度、子連れ出勤、そして複業の奨励といった「100人100通りの働き方」にチャレンジしてきました。

そして今、この国に「働き方改革ブーム」が到来し、私たちの活動に広く注目していただけるまでになりました。

ところが、ところがです。私たちの意思はまったく伝わっておりません。とにかく残業はさせまいとオフィスから社員を追い出す職場、深夜残業を禁止して早朝出勤を黙認する職場、働き方改革の号令だけかけて現場に丸投げする職場。なんですか、そのありがた迷惑なプレミアムフライデーとやらは…。

私たちが伝えたかった「働き方」とは、そういうことではないのです。メディアに登場し、全国で講演をし、政府へ意見し、本を出版してもなお、伝わっていない。

私たちにもっと力があれば、私たちがもっと強くメッセージを発信できていれば、このような働き方改革の現状にならなかったのかもしれない。不甲斐なさと、申し訳なさでいっぱいです。

もっと発信力を、メッセージ性を…という訳でこの度、『紙兎ロペ』『野良スコ』の原作者である内山勇士さんにアニメを作っていただきました。『アリキリ』といいます。主人公はアリとキリギリス。テーマは、「働き方改革、楽しくないのはなぜだろう」。残業編・女性活躍編・イクメン編と3本ご用意しています。

イソップ童話では、働きアリが生き残り、キリギリスは死んでしまいました。果たして21世紀でも同じ結果になるのでしょうか？　現代を生きる働きアリやキリギリスたちは、どのように働き方改革に向き合い、どのように生きていくのでしょうか。

日本で働くみなさん、どうかお願いです。今すぐ「サイボウズ　アリキリ」で検索してこのアニメを見てください。そして目を覚ましていただければ幸いです。

2017年9月13日
サイボウズ株式会社 代表取締役社長
青野慶久

多くの反響を呼んだ、サイボウズの「働き方改革に関するお詫び」広告。

を繰り返し、フラスコを振り続けました。社会を揺さぶることにこだわって成果を出しました。フラスコを振り続ける力は、一人ひとりの主体性です。

「選べる働き方」と「複業」。多様な個性を引き出す戦略

フラスコから面白い化学反応を引き出すには、投入する人材が多様な個性を持っている必要があります。何年間、場合によっては何十年間も、ずっと同じ職場で同じ仕事をしている人たちを混ぜ合わせても、おそらく画期的なアイデアは生まれないでしょう。言い換えると、フラスコの仕組みを生かすには、社員一人ひとりが多様な個性に磨きをかける必要があります。

個性を促進する一つの仕組みが「働き方の多様化」です。働く時間や場所を自由に選択してもらうことで、一様でない経験を積んでもらうことができます。

思えば私もそうでした。**東証一部上場企業の男性社長であるにもかかわらず、育児休暇を三回も取得。**休みを取ったり、短時間勤務をしたりする中で、様々な知見を得ました。保育、教育、自治体などが抱える問題について、私は自らの体験を伴って理解し、

語れるようになりました。

これらは他の上場企業の社長が持っていない知見です。また、週に一度、料理もしますから、スーパーにも行きます。小売りの現場にも詳しくなりました。

だからこそ、今後の社会の変化を読むことができますし、それに合わせて自社のグループウェアにどのような機能が求められるようになるかを予測できます。確かにオフィスで働く時間は減りましたが、視野が広がったことを考えれば、勤務時間が減少したことは大した問題ではありません。

また別の仕組みが「複業」です。サイボウズでは自由に複業をすることができます。

複業したくなければしなくてもまったく問題ないのですが、せっかくの機会を生かそうといろいろ考えてチャレンジする人が増えてきました。技術書を執筆したり、カメラマンをしたり、ユーチューバーになったり、大学の非常勤講師をしたり、本当に様々です。

ですから、今、サイボウズはイノベーティブなアイデアが出やすい状態になってきました。大学の現況を知っている人もいれば、最新のネットメディアの専門家もいます。

東京に住む人だけではなく、リモートワークで地方に住むメンバーも増えてきました。

地域や業界を超えた知識、そして人脈を得ることにつながっています。

複業を禁止するのは、本当にもったいないことです。せっかくの多様な個性を磨くチャンスを潰してしまいます。複業を禁止されると、もしやるとしても、こっそりやるしかありません。複業ならぬ、「伏業」です。そうなると、せっかく複業を通じて知識や人脈を得ても、カイシャに還元されることはありません。

多様な働き方を可能にし、そして複業は解禁する。それが個性を磨いてもらうことにつながる。それがイノベーションにつながる。未来のカイシャでは当たり前の戦略になっていくと思います。

掛け合わせが自然に生まれる「ハブ・オフィス」

フラスコに投入する人材は、社員に限る必要はありません。できれば、社外からもたくさん投入したい。そうすることで、さらに多様な意見を掛け合わせ、クリエイティブな状態を作れます。

そのための一つの戦略がオフィスの作り方です。

サイボウズでは、今、外から人が集まる「ハブ・オフィス」作りにチャレンジしています。東京日本橋オフィス、大阪梅田オフィス、愛媛県松山オフィス、そして最近リニューアルした福岡博多オフィスは、社員が集まるだけでなく、社外からも人に集まってもらうことを目指して設計しました。

まず、これらのオフィスは交通の利便性の高い場所を選んでいます。その分、家賃は高くなってしまいますが、より多様な人たちが集まりやすくするための投資です。私たちのような規模のカイシャとしては、過剰投資と思えるほどです。

ハブ・オフィスには、セミナーを開催できる大部屋を用意しています。普段は社員同

多様な働き方と複業の解禁が化学反応を生み、イノベーションにつながります。

士の会議や勉強会、サイボウズが主催するイベントなどで使っていますが、社外の団体に貸し出すこともあります。別のカイシャに属する人が、私たちのオフィスに普通に出入りして、サイボウズのメンバーと自由闊達に議論できるよう工夫しています。

イベントの内容は様々です。IoTの勉強会だったり、ロボット事業をやっている人たちの集まりだったり、Linuxのエンジニアが集まるイベントだったり。子育てに関するNPOのセミナーもあれば、小学生や中学生向けのプログラミング教室や、地方創生のイベントもやります。政治家も来れば、大学の先生も来る。イベントに参加すれば、普段お付き合いのない人たちと情報交換できます。様々な業界で、今、一体何が起こっているのか、最新かつリアルな情報が集まってくるのです。

社外の人たちが開催するイベントに集まってきた人は、サイボウズについて詳しい人ばかりではありません。そういった人たちが、サイボウズのオフィスを訪れ、社員と接する中で、私たちの活動について理解を深めてくれます。私たちと何か一緒にできないかを考え始めてくれることもあります。

フラスコ理論が面白いのは、多様な人材が集まれば集まるほど、多様な化学反応が起きることです。**どれだけインターネットが発達しても、リアルに人々が集まるからこそ生まれるワクワク感や一体感は重要です。その仕掛けとしてのハブ・オフィス。**オフィスにこそカイシャのお金をしっかり使って、クリエイティブな空間を作り、化学反応が起き続ける場所を作っていきたいと考えています。

アドラー心理学とサイボウズの共通点とは？

ハブ・オフィスで様々なイベントを行うようになって、面白い繋がりがたくさん生まれました。

アドラー心理学をわかりやすく解説したミリオンセラー『嫌われる勇気』（ダイヤモンド社）を書いた岸見一郎先生が、サイボウズのオフィスで行われたイベントにいらっしゃったこともあります。岸見先生の本に共感したメンバーが、サイボウズのフラスコ理論との共通点を見つけ、お招きして話を伺ったのです。

例えば、サイボウズでは「『みんな』という言葉を使ってはいけない」というルールがあります。「みんな」と一括りにすると、多様な個性の存在を見落としてしまうからです。『嫌われる勇気』にも、同様のことが書かれています。

また、『嫌われる勇気』では目的論という考え方が紹介されています。人は何かしらの目的に沿って生きていて、自分の感情ですら目的に沿って作り出しているという考え方です。**サイボウズでは、「人は理想に向かって行動する」ことを原理原則にしています。これも目的論と同じ考え方です。**

アドラー心理学には、個性、自立、チームにおける人間関係と一体感、課題の設定など、サイボウズで長期間議論し、実践してきた要素が満載されています。これからの時代に生きる知恵がたくさん含まれているように思えてなりません。私も継続して学んでいきたいと思います。

さて、岸見先生との意見交換を記事にして公開したところ、社内外から大きな反響がありました。この記事を読んだことがきっかけで、サイボウズに興味を持ち、入社した人もいます。

岸見先生はとても魅力的な方です。当時としては珍しいイクメンであり、複業家でもあります。個性的なキャリアを積んでこられた中で、深い思考を繰り返し、これからの時代に必須となる、人類の知恵に辿り着かれたのだと解釈しています。ぜひ記事を読んでみてください。（記事URL：https://cybozushiki.cybozu.co.jp/articles/m001277.html）

売上目標はあえて下げてもよい

フラスコ理論でカイシャを経営していると、化学反応を待たなければならないことがあります。多様な人材が、様々な意見交換と議論を続ける中で、ビジョンに向かう新しいアイデアが生まれてくるには時間がかかります。「今日中に必ず意見をまとめてください」と言われても、品質の高いアイデアをすぐ出せるとは限りません。

ところが、日本の多くのカイシャでは、「人間は頑張ればなんとかなる」という価値観が根強く、無理をすればどんな困難も乗り越えられると考えがちです。ですから、無理をしないと達成できない目標を設定するのが大好きです。次の期の目標を設定するときは、今までの傾向に、数パーセント上乗せした目標を設定したがります。そして、その目標を達成できるよう、日々叱咤《しった》激励《げきれい》し、ときには叱責し、達成が難しくなると長時間労働でカバーします。

これぞ日本のカイシャ。真面目で勤勉な人たちのお尻を叩くマネジメント。気持ちはわからなくもありません。

フラスコ理論でカイシャをマネジメントするときの目標設定は、逆のアプローチになります。今までの傾向から、あえて目標を数パーセント落として、その代わりに新しいチャレンジを加えます。化学反応によって新しいアイデアを生み出してトライしようとするわけですから、既存の活動による目標は下げざるを得ません。**足してほしいのは、気合や根性による目標数字のストレッチではなく、今までになかった新しいアイデアとチャレンジです。**

サイボウズでは、このやり方が定着してきました。新事業であるクラウドサービスがさらに面白い展開になるように、様々なアイデアを出してトライしていくことが最優先です。すると、既存のパッケージ製品の事業目標は下げざるを得ません。無理をせず、限られたリソースの中から達成可能な数字を現場感覚で設定します。

設定するときは、どれくらい下げるのかも含めて、営業とマーケティングのメンバーに任せています。ボトムアップ型で作成していると言えます。私から「来年はいくら売上を増やしてください」と指示することはありません。

現場から上がってくる堅めの目標に、「もっと強気な目標を置けるんじゃないの？」とフラストレーションを感じることもあります。でも、上から号令をかけて無理やりやらせるよりも、現場に心の余裕を持ってもらい、化学反応を起こすことにモチベーションを高めてもらうほうが効率的だとわかってきました。

また、目標を達成できないからといって叱責することはありません。目標は全社員で共有しますが、目標を設定した人も神様ではありません。外部環境も内部環境も変化し続けます。そんなことを責めてもしようがありません。

トップが売上などの数字を設定し、その数字に向かって「みんな、いくぞ！」と号令をかけるのは、量の経営だと思います。量の時代から質の時代へと社会が変化したことで、「こうすれば、うまくいく」という従来型のセオリーは、ますます通じなくなって

サイボウズでは「来年はいくら売上を増やしてください」と指示することはありません。

きています。

社会の確実性が下がって、先に何が起こるか読みにくくなっているのですから、実験的アプローチに切り替えたほうがいい。いろいろやってみて、下から何か出てくるのを待つ、というやり方です。

質の経営では、生き残るためにいろいろな実験を繰り返します。そのためには、ユニークな一人ひとりを重視する。そこから湧き上がってくるいろいろなものを見て、「面白いから、もうちょっとやってみようか」と方針を決めていくのです。

トップダウンでストレッチした目標を決めてしまうと、現場での実験的アプローチができなくなってしまいます。現場の人たちは、目標達成だけに集中せざるを得なくなります。

それでも、経営者がものすごく優秀で、百発百中、未来を当てられれば問題はありません。しかし、今は不確実性の高い時代。戦略が外れていたら、全員がコケてしまう。

現場で様々な実験を繰り返し、情報を共有し、議論し、未来に向けたチャレンジを続けていく。

実験の範囲は社内にとどまりません。社外とのつながりがあると、掛け合わせの要素は格段に広がります。「グループウェアと過疎地域を掛け合わせてみようか」「働き方改革とアニメを掛け合わせてみようか」と、社内だけでは出てこないところから、予想外に面白いアイデアも出てきます。

「貢献と感謝」という大きな報酬が得られると楽しい

第2章でも述べましたが、カイシャに勤めることで得られる報酬は、お金だけではありません。社員一人ひとりが価値だと感じるものは、すべて報酬です。

例えば、自分の好きな人たちと働くこと、安全で快適な空間で働くこと、働くことで得られるスキルや人脈など。人が感じる価値はたくさんあり、それらをできるだけたくさん得られる場所が、その人にとって「いいカイシャ」だと言えるでしょう。

多様な個性を生かすカイシャでは、「貢献」と「感謝」が大きな報酬となります。自分の個性を発揮し、チームのビジョンに貢献できることはうれしい。自分の貢献に対し、他人から感謝されるとさらにうれしい。逆に、他人に貢献してもらって感謝するのもやっぱりうれしい。「ありがとう」と言っている人はとても幸せそうでしょう?

この報酬を、より多くの人が手にできるようにすれば、カイシャはもっと楽しい場所になると思います。

ところが、この報酬を得にくくする流れがあります。それが「成果主義」です。カイシャの仕事はチームワークです。人事の人が採用した人たちが様々な部門に配属され、連携プレーしながら仕事は進みます。開発の人が作ったものを、営業の人が売ります。

極端に成果主義を進めると、それぞれが個人の成果に固執することを促進し、貢献と感謝を阻害するリスクがあります。

例えば、営業が自分で売った金額だけで給与が決まるのであれば、他のメンバーを手伝う理由がありません。手間がかからない美味しい顧客は自分が囲い込み、そうでない顧客は他のメンバーに押し付けようとするでしょう。

成果主義は個人プレーを促進しがちです。人が考えたアイデアを横取りして自分の成果に見せようとする人も出てくるでしょう。そのような環境では、自由闊達な議論から、クリエイティブなアイデアが生まれることはありません。成果を横取りされるのは嫌ですから、面白いことを思いついても黙ってしまいます。多様な意見から面白い企画が生まれるのに、成果主義はそれを阻害します。

一方、市場主義は、より多面的に個人を評価できます。本人の成果だけでなく、他のメンバーへの貢献も評価できます。本人はたいした成果を残せなかったのだけれど、その人のおかげで周囲は大きな成果を出せたら、そのことを高く評価できるのです。成果以外にも、スキルや潜在力、性格や外部環境まで含めて、市場主義では総合的に評価することができます。

多様な個性を生かす職場では、「貢献」と「感謝」が報酬となり、日々の働きがいとなります。成果主義と市場主義の違いを理解していない経営者が、安易に成果主義を取り入れると、これらの報酬を失いかねません。

多様な意見を言えるカイシャでは「楽しさの好循環」が起きる

多様な意見を奨励し、活発に議論できるカイシャでは、社員の学びも早くなります。自分と違う意見、自分の知らない知識が豊富に入ってくるからです。

多様な意見を尊重する風土は、成長の阻害要因を取り除きます。誰でも経験があるかと思いますが、人の意見に耳を傾けられなくなったとき、成長は止まります。自分にとって都合の悪い意見、厳しい意見と正面から向き合うとき、自分の思考が活性化され、自分自身の考え方に磨きがかかり、飛躍的な成長を遂げることがあります。

サイボウズの社内を見ていても、多様な意見によって成長スピードが上がっているようです。例えば人事部。サイボウズの人事部は大変です。「一〇〇人一〇〇通りの働き方を目指す」という方針ですので、一人ひとりの意見に耳を傾け、人事制度や運用の改善につなげなければなりません。**時には衝突し、日々議論し続けているからこそ日本での最先端を走ることができ、様々なメディアやカイシャから取材や講演依頼が相次ぐのです。**

そして、学びの早さは、視点の高さへとつながります。

もしあなたが開発部に所属し、開発部の情報にしか触れられない、開発部の会議にしか参加できないのであれば、カイシャ全体を考慮した意見を言うことはできません。もし別の仕事をやっているメンバーと普段から意見交換や議論をしているのであれば、より高い視点で意見を言えるようになります。「この製品はこういう顧客に使われているのか」「あの製品はこんな販路で売られているんだ」「ビジネスパートナーとはこういう風に付き合うんだ」。様々な人から学べる人は、視点が高くなり、それまで思いつかなかったアイデアが湧いてきます。それがまた仕事のモチベーションにつながり、さらに楽しくなってくる。こういう好循環が起こります。

先ほど社内のグループウェアを覗いていると、東京で働くエンジニアが、松山市でサポートを担当しているメンバーとやりとりしていました。二人は所属している部門も拠点も違いますが、かなり本気で議論しているようです。しかも、この二人のやりとりをオンライン上でほかの社員も見ています。二人のやりとりは、他のメンバーの学びを促進することにもつながります。

多様な意見が出る職場では、成長のスピードも上がっていく。

議論が先進的なアイデアを生む

先日、新入社員が研修中にイヤホンをしていて、それについての是非を問う議論が社内で起きました。

普通のカイシャだったら、おそらく「新人が研修中にイヤホンをしているのはおかしい。外しなさい」と言って終わったことでしょう。ところが、ここから議論が始まりました。「イヤホンをしている人には話しかけにくくて困る」という意見もあれば、「本人が集中するためにイヤホンをしているのなら、それはむしろいいことじゃないか」という意見もあります。それをオープンな場所で議論し、衝突しています。

正解はありません。どのような職場にしたいのか、それは個人によって違います。**言うなれば、どちらの意見も正しい**のです。

日本人はテストで正しい答えを書くような訓練は受けていて得意です。しかし、このような「答えなき問い」に対しては逃げ腰の人が多いように思います。だから、どちらが正解かをはっきりさせたがります。それが時には自分の意見の正当性を主張し、相手の意見を否定することにつながりがちです。これはとてももったいないと思うのです。

相手の意見を尊重すれば、新しいアイデアが出てくるかもしれません。例えば、「イヤホンをしていても話しかけやすくするアイデア」や「イヤホンをする以外にも集中できるためのアイデア」など。**AかBか、どちらが正しいかではなく、両方を満たしてしまうような革新的なアイデアを探す訓練が重要だ**と思うのです。

ちなみに、私の意見は、「イヤホンをするもよし、しないもよし」です。重要なのは、ビジョンに向かってベストを尽くしているか、ということ。ビジョンの実現のために集中して作業する必要があれば、周囲を断ち切って集中すべきですし、コミュニケーションを取りやすくする必要があれば、話しかけやすくする工夫をすべきでしょう。これはケースバイケース、バランスの問題です。

繰り返しますが、**一番大事なのは、ビジョンに沿って判断しているかどうか**ということです。単に自分の都合のためだけに行動していないか、チームの理想に向かって考えて行動しているか、その原則を確認することが重要だと思います。

「仕事に楽しさはいらない」「成果だけ出せばいいんだ」「職場は戦場だ」とおっしゃる経営者も、まだまだたくさんいらっしゃいます。その考え方を否定するつもりはありません。しかし、裏を返せば、「我が社は楽しくない」「お金以外の報酬は与えない」「我が社の職場はつらい」と、働く人たちを遠ざけるような発言に聞こえます。

「楽しい」とは、楽園のような職場という意味ではありません。食べ放題、飲み放題、遊び放題。ハンモックに揺られてゲーム三昧。毎日そんな楽園に行きたいですか？　私には無理です。楽園はときどき行くから楽しめます。しかし、食事やドリンクが無料で提供されるシリコンバレーの企業を表面的に真似して、楽園を作ればイノベーティブなカイシャになると勘違いしている経営者もいらっしゃるようです。

カイシャが職場として提供できる楽しさとは、仲間と同じビジョンに向かう一体感、個性を生かした貢献、そしてお互いの感謝。活動が顧客の喜びを生むとともに、その先にある社会貢献への広がり。それらがカイシャという仕組みを生かして得られる「楽しさ」だと思います。

5

未来のカイシャでは、「やりたいこと」につき進む人の価値が上がっていくかもしれない

ここまで、「どうすればもっと楽しく働けるか」ということについてお話ししてきました。

最終章では、さらにスコープを広げて、社会はこれからどうなっていくのかを予想し、未来のカイシャがどうなっていくのかを考えます。そして、その未来に向けて、私たちが今から備えておくべきことを挙げてみます。

デジタル企業に破壊され、潰れていくカイシャ

まず世界的なトレンドから考えてみます。

近年、「デジタル・ディスラプター」という言葉が盛んに使われるようになりました。最新のデジタル技術を活用する企業が、既存事業者が築いてきたビジネスモデルを破壊し、新しいビジネスモデルの創造者になることを指します。

ウーバーやリフトは、タクシー業界のディスラプターです。人々が今までのタクシーに感じていた不満の多くが、最新のテクノロジーを活用することで解消されています。

タクシーを呼ぶのも運転手に行き先を伝えるのもスマートフォン。車種やドライバーの

名前や評判、移動距離や費用の総額まで事前に確認できます。しかも価格は安いし、会計は不要。いちいち財布からお金やカードを出す必要はありません。

日本では規制などの理由でサービスが広がっていませんが、アメリカや中国でタクシーを使うのは、圧倒的に快適になりました。

ディスラプターが破壊する業界は多岐にわたります。ホテル、自動車、家電、金融、医療、通信、エネルギー、流通、放送など、ほぼすべての業界が大きな影響を受けると考えられます。

日本も影響を受けるでしょうか。日本はGDP世界第三位の市場であり、既得権益で余剰利益を上げている大きなカイシャが数多く存在します。そして、それらのカイシャには、ITが苦手でITを軽視してきた経営者が多いという特徴もあります。デジタル・ディスラプターにとっては狙い目です。

この変化についていけない日本の経営者たちは、既得権益を守るために様々な抵抗活動を展開するでしょう。しかし、抵抗活動に精を出している間に、ディスラプターはサービスの質を高め、規模を拡大していきます。

ここ数年の流れを見ておりますと、ディスラプターの勢いは高まっており、止められそうにありません。

ディスラプターの事業展開スピードが速いのは、社外の人やモノを取り込んでいくからです。インターネットを活用し、ウーバーは運転手や車を、エアビーアンドビーは部屋を貸す人たちを社外から集めています。日本企業の多くが苦手とするやり方です。

ディスラプターは、仲間を集めて新しい社会基盤になっていきます。プラットフォームが拡大していくと、個人だけでなく、周辺でビジネスを展開するカイシャもたくさん集まってくるでしょう。

日本からもディスラプターとなるカイシャが出てくるでしょうか。ウーバーやエアビーアンドビーのような規模のカイシャが現れるかどうかはわかりませんが、日本でも技術革新の波に乗って、数多くのディスラプターが登場すると思います。サイボウズもその一つになろうと頑張っています。しかしながら、ディスラプターの多くは、海外、特にアメリカや中国発の企業になると予想します。アメリカや中国では、圧倒的な量の資金と人材が、未来のディスラプター候補に集められます。

この勢いに押されるように、既得権益で利益を上げていた日本の大企業の多くは、防戦一方、もしくは敗戦処理と撤退を繰り返すでしょう。すでに一部の大企業は、ディスラプターによるビジネスモデルの変化を予期し、これから従業員を大きく減らしていく方針を発表しています。

日本のカイシャは、そして私たちは大丈夫でしょうか。

日本の大企業は、世界の中小企業でしかない

さらに突き抜けたディスラプターが現れています。一九九四年に創業されたアマゾンは、当初はインターネットを通じて本を販売するカイシャでした。その後、アマゾンは電化製品や衣料など、様々なものを販売するようになり、「エブリシング・ストア」と呼ばれるようになりました。

しかし、アマゾンの拡大は止まりません。独自の物流を構築し、リアル店舗も広げています。また、クラウド・コンピューティング・サービス「アマゾン・ウェブ・サービス」は、既存のシステム企業を尻目にトップを独走しています。さらに、会員制サービ

ス「アマゾン・プライム」の普及によって、音楽や映像の配信においても顧客を広げ、スマートスピーカー「アマゾン・エコー」などハードウェア分野にも積極的に進出しています。アメリカでは衣料品の製造と販売にも参入するなど、まだまだ事業分野の拡大を続けています。

ECで獲得した圧倒的に豊富な顧客基盤とデータを生かして、じつに様々な業界に激震を与え続けており、アマゾンのことを「エブリシング・カンパニー」と呼ぶ人も現れました。かつてない巨大なグローバル・プラットフォーマーの登場です。

アメリカでは、アマゾンの影響を受けて、スーパーマーケット、百貨店、書店、事務用品、家具、アパレルなど、様々な業種の企業が不振に陥りました。このことは**「デス・バイ・アマゾン（アマゾンによる死）」**と呼ばれています。

他の巨大IT企業である、グーグル、アップル、フェイスブック、マイクロソフト、そして中国ではアリババやテンセントなども同様に、今まで培ってきたIT力を武器に、他の事業への進出を加速させるでしょう。

彼らが本格的に、小売や卸、食品や飲料、通信や放送、アパレル、電化製品や家具、自動車や運輸などの分野に参入してきたら、いったい何が起きるでしょう。彼らが投入できる人・モノ・金・情報などのリソースの規模は、日本の大企業をはるかに上回ります。日本の大企業は、世界の中小企業に過ぎません。**今まで既得権益で利益を上げていた日本の大企業たちが、短期間で収益を大幅に悪化させる**というシナリオは、決して的外れの予想ではありません。

日本のカイシャは、そして、そこで働く私たちは大丈夫でしょうか。

少子高齢化と人工知能で仕事はどう変わる

日本は技術革新の後《おく》れに加え、急速に進む少子高齢化の影響もあります。私が八十歳になる二〇六〇年ごろには、日本の人口は八七〇〇万程度と、ピークの二〇一〇年より四〇〇〇万以上、人口が減ることが予測されています。今のところ、少子化に対して日本人の危機意識は低く、政府も有効な対策を打ち出せていないことから、出生率に回復の兆しは見られません。おそらく予測通りに人口減少が進むでしょう。

働き手がいなくなった多くの地方は、生活に必要なサービスを維持できなくなってしまいます。維持するためには、人工知能やロボットを活用し、働き手不足を解消する必要があります。

二〇一四年、オックスフォード大学の人工知能の研究者が、大半の職業は人工知能とロボットによって置き換えられるとのレポートを公表し、話題を集めました。それ以降、人工知能は大きなブームとなっています。囲碁や将棋では、人間が人工知能に勝てなくなりました。皿洗いなどの比較的単純な労働だけでなく、作曲や執筆のようなクリエイティブな仕事まで、新しい技術によって置き換えられるようになってきました。

少子高齢化による働き手の減少を受けて、日本では人工知能やロボットの活用が、積極的に進むだろうと予想されます。無人バス、無人トラクター、無人コンビニ、無人ホテル、無人カフェ、無人工場、無人工事現場、無人建設現場など、人手が集まりにくい産業や地域を中心に、無人化が進んでいくでしょう。上手に無人化を進めた企業は、人件費を削減することができますから、今まで以上に利益を上げ、さらに広範囲に無人化を進めていくと思われます。

しかし、少子高齢化は止まる気配がありません。**サービスを提供する人だけでなく、**

買う顧客の数も大きく減っていきます。過疎地域を救うために導入された無人バスや無人コンビニも、顧客がいなくなれば撤退せざるを得ません。次々と人間がロボットに置き換わり、そして誰もいなくなっていく未来が待っています。まさに無人化です。

また、人工知能の活用については、「人間の仕事を奪う」という見方もあります。特に、小売店のレジ係や事務職などは、機械に置き換わりやすい職業だと言われており、急速に需要が減っていくと予想されます。

このことには、いくつかの懸念があります。まず、働き手がスムーズに違う職業に移行できるのかどうか。事務職をしていた人が、ある日転職せざるを得なくなったとき、新しい職業に就けるのかどうか。人手不足が常態化している介護や保育などの対人的なサービスは、機械に置き換わりにくい職業です。こういった分野に働き手が移行できるように、社会的な仕組みを作っていくことが大事だと思います。

もう一点は、貧富の差の拡大です。機械を使うことで、レバレッジを効かせた事業展開が可能になるため、大きく儲けるカイシャが出てくると予想できます。一方、職業を失い、次の職業に移行できずに取り残される人たちが出現することも懸念されます。貧富の差は、今以上に拡大する恐れがあります。

今までの日本は、一律を重んじる働き方と年功序列によって、大きな貧富の差を作らずに経済成長を進めてきました。しかし、そのモデルはすでに寿命を迎えています。**多様な個性を尊重する時代に沿った、新しい富の再分配の仕組みを作る**ことも併せて重要だと思います。

ベーシック・インカムという、全員に一定の現金を配る施策も議論されています。しかし、このやり方は全員に対する画一的な配布であり、一人ひとりのニーズに細かく対応するものではありません。過渡的な手段として有効であっても、長期的には個々の事情に沿った再分配の仕組みが検討されるでしょう。

日本は、そして私たちは、これからも安心して暮らしていけるのでしょうか。

カイシャの未来図と働き方

一方、カイシャも大きく変化していくと思われます。二〇一八年一月現在、世界の時価総額ランキングのトップ10のうち、七社はＩＴ企業です。うち五社はアメリカ、二社は中国のＩＴ企業です。日本企業は残念ながら四〇位まで見ても一社も入っていません。時流に乗ったＩＴ企業は、とてつもなく急速に拡大し、世界を席巻しています。どこまで大きくなるのか予測もつきませんが、まだまだ序盤戦のような気がいたします。今までに考えられなかったほど巨大なカイシャがいくつも誕生しそうです。圧倒的なモンスター企業です。

一方、新しく起業する動きも活発です。インターネットの普及によって、起業の敷居が下がっています。グローバル・プラットフォームに便乗することで、低コストで大きなビジネスを展開することが可能になりました。急成長する新興企業もまだまだ出てきそうです。

拡大を続ける超巨大企業とともに、星の数ほどのスタートアップ企業がある。今までの日本のように大企業、中企業、小企業が固定化され、棲《す》み分けていたところも変化が起き、入れ替わりが加速しそうです。それらのカイシャに加え、資本の論理で対応しきれない社会ニーズを解決するＮＰＯの動きも活発になりそうです。企業とＮＰＯの明確な違いもなくなってくるかもしれません。

このダイナミックな動きについていけないカイシャの経営者たちは、昭和時代のやり

方をいつまで続けるのでしょうか。年功序列、横並びの給与体系、残業と転勤、副業禁止、役職定年と定年退職。今までの社会の動きを見ていると、ビジネスが厳しくなり、大きな危機にさらされたカイシャから徐々に変化し始めているようです。言い換えると、危機が迫るまでは変化しません。「まだ利益が出ているのだから、どうして変えなければならないんだ」と、権力を持つ経営者は考えてしまうのです。

日本のカイシャは変われるのか、そして、働く私たちも変わっていけるのでしょうか。

「やりたい」がもっと大事になる

ここから始まるのは、全産業を対象にした社会変革です。技術革新とディスラプターによって、ビジネスモデルの変化と業界再編が進み、巨大企業と無数のベンチャー企業が誕生し、人工知能によって既存の仕事の代替が進むでしょう。都会と地方の差、そして収入の格差は広がるかもしれません。そんな時代に、私たちはどんな考え方を持っておかなければならないのでしょうか。

それは「自分は何をやりたいのだろうか」と自問自答し、それに沿って行動していく

ことだと思います。私たちがモチベーション高く働き続けるには、自分が「やりたい」ことを把握し続ける必要があります。我慢することに慣れてしまうと、自分が本当にやりたいことが見えなくなってしまいます。

これからの時代は、やりたくないことはどんどん機械に任せていくことになるでしょう。**今までは、やりたくないことでも我慢してできる人が重宝されました。**フルタイムで働いてくれる、残業してくれる、転勤してくれる、年功序列を受け入れてくれる、定年で退職してくれるなどなど、人間を我慢させる仕組みに従う人たちが、仕事ができる人だと考えられていました。

しかし、これからは違います。我慢が必要なことは機械に置き換わっていきます。ですから、**私たち人間は、人工知能が思いつかないような、新しい「やりたい」ことを見つけ出す必要があるのです。自分の心の欲求に従って、やりたいことに邁進できる人が必要なのです。**

やりたいことは一つや二つでなくても構いません。たくさんのやりたいことが掛け合わせられて、ユニークな仕事を生み出していきます。

「人生、こうすればうまくいく」という、画一的な勝ちパターンはなくなってしまいました。あるはずのない人生の答えを探すのではなく、今そこにある自分自身に向き合い、個性に磨きをかけていく。そして、その個性を社会に生かしていくのです。

個性を生かすチャンスは増えます。ディスラプターやグローバル・プラットフォーマーの登場によって、周辺に新しいビジネスチャンスが発生し、その新しいニーズを満たそうとするカイシャがたくさん生まれるでしょう。

今まで閉塞的で進歩が遅かった業界は、一気に発展するチャンスが生まれます。社会の役に立つ前向きな仕事が、私たちを出迎えてくれるでしょう。**私たちは、ディスラプターたちによる破壊と創造を歓迎しながら、楽しく働けるカイシャを選ぶ心構えをしておきましょう。**

日本のカイシャが失墜しても、まったく問題ありません。失墜するのはカイシャであって、私たち人間ではないからです。むしろ、日本では失墜すべきカイシャが失墜してこなかったから、カイシャの新陳代謝が遅れています。

現代は、技術革新とその普及のスピードが非常に速く、未来を正確に予測するのが難しくなっています。**しかし、どんな状況でも楽しく働き続ける人はいらっしゃいます。「やりたい」ことを探求し、「やれる」ことを広げ、そして「やるべき」仕事に重ねてい**

ける人たちです。彼らが二十一世紀に適合した、新しい働き手だと思います。

新たに何かを「やりたい」、という感情を持つのは人間です。何かをやってほしいと感じるのもまた人間であり、そこにニーズが生まれるから「やるべき」が生まれます。そして、「やれる」ことは、新技術によって飛躍的に増やせるようになります。今まで以上にモチベーションを高めて働けるようになるはずです。


会社が楽しくない「本当の理由」はなんでしょうか。

私たち日本人は、心に壁を持っています。「社会のルールに従わないといけない」「自己主張はわがままである」と。

私たちは子どものころから、ルールに従う子が良い子であると聞かされて育ちました。この心の壁を乗り越え、本当に自分がやりたいことを深く探求し、その実現に向けて行

人間は、人工知能が思いつけない、新しい「やりたい」を見つけ出す必要があるのです。

動できなければ、これからはむしろ社会にとって不必要になってしまうのです。

幸いなことに、技術革新や社会の変化によって、やりたいことをやりやすい環境が整ってきました。

この環境を生かせるかどうかは、あなたが心の壁を乗り越え、本当に楽しいことを楽しもうと行動できるかどうかにかかっています。

今からが人生の勝負です。

どうぞ残りの人生を最大限、楽しんでいきましょう。

おわりに

先日、ツイッターにこんなことを書きました。

「最近、日本の大企業でくすぶっている若者たちを見て思うことがある。君たちはね、就活に失敗したんだわ。時代についていけないサラリーマン社長が経営しているイケてない会社を選んじゃったんだわ。そして、くすぶり続けてるってことは、君たちも変化できない奴だってことになる。変わろう、動こう。」

この書き込みは数多くリツイートされ、大きな反響がありました。

残念ながら、既得権益を持った大企業の変化は遅いと言わざるを得ません。**大企業が変わってくれることを、首を長くして待ち続けるのは、今の時代にあまりにもったいないと思うのです。**不満を持つ若者こそ、日本の未来です。

変わらない日本、世界に遅れ続ける日本。日本は古いやり方を変えられないまま、ほころびだけが大きくなっています。

二〇一八年一月九日、私は原告の一人として、選択的夫婦別姓を認めない現在の法律は憲法違反であると、東京地方裁判所に提訴しました。共働きが当たり前になっている現代において、結婚したら必ず名前を変えなければならない現在の法律は、結婚することに経済的コストと精神的負担をかけ続けています。今回の提訴は、テレビや新聞でも大きく取り上げられました。

今どき、全夫婦に改姓を強制する必要がどれくらいあるのでしょうか。この問題は数十年にわたって議論されており、国連から何度も改善勧告を受けているにもかかわらず、国会議員は立法を怠ってきました。

結婚して同姓にしたい夫婦は同姓にすればいい、別姓にしたい夫婦は別姓にすればいい。この問題は、私たち日本人が、画一的な思考から個性を大事にする思考に切り替えていくために、とても重要なテーマだと考えています。

裁判では必ず勝訴し、日本をアップデートしていきますので、どうぞご支援のほど、よろしくお願いいたします。

個別のニーズを大事にするから、より多くの人たちが自分らしい幸せを感じることができるような社会を作れます。

変わろう、動こう。みなさんが楽しんで働ける環境を作るために、私も全力でチャレンジし続けたいと思っております。

青野慶久

著者略歴
青野慶久　あおの よしひさ
1971年生まれ。愛媛県今治市出身。大阪大学工学部情報システム工学科卒業後、松下電工（現・パナソニック）を経て、1997年、愛媛県松山市でサイボウズ株式会社を設立。2005年、代表取締役社長に就任（現任）。社内のワークスタイル変革を推進し離職率を7分の1に低減するとともに、3児の父として3度の育児休暇を取得。2011年から事業のクラウド化を進め、2017年にクラウド事業の売上が全体の60%を超えるまで成長。総務省、厚労省、経産省、内閣府、内閣官房の働き方変革プロジェクトの外部アドバイザーや一般社団法人コンピュータソフトウェア協会の副会長を務める。著書に『ちょいデキ！』（文春新書）、『チームのことだけ、考えた。』（ダイヤモンド社）がある。

会社というモンスターが、
僕たちを不幸にしているのかもしれない。

2018年3月13日　第1版第1刷発行

著　者　青野慶久
発行者　後藤淳一
発行所　株式会社PHP研究所
東京本部　〒135-8137 江東区豊洲5-6-52
第一制作部　☎03-3520-9615（編集）
普及部　☎03-3520-9630（販売）
京都本部　〒601-8411 京都市南区西九条北ノ内町11
PHP INTERFACE　https://www.php.co.jp/
組　版　有限会社エヴリ・シンク
印刷所　株式会社精興社
製本所　株式会社大進堂

ISBN978-4-569-83726-0

PHPの本

リーダーになる人に知っておいてほしいこと

松下幸之助 述　松下政経塾 編

松下幸之助が、次代のリーダーを養成すべく設立した松下政経塾で行なった講話を、未公開テープ約100時間から厳選して抜粋、編集。幸之助が語った〝リーダーの心得〟とは。

定価 本体九五二円（税別）